IA FÁCIL Y RÁI

LA INTELIGENCIA ARTIFICIAL

DESDE LOS FUNDAMENTOS HASTA EL FUTURO

POR **MATÍAS HENRÍQUEZ, MSC.**

© Javier Matías Henríquez, MSc.
Un viaje desde cero para comprender la inteligencia artificial
y cómo hacer uso de ella en nuestra vida diaria.

Javier Matías Henríquez , MSc.
jmatias@syncronteligencia.com

DEDICATORIA

A Dios, fuente inagotable de inspiración y sabiduría, quien nos ha dotado de la capacidad para explorar, crear y maravillarnos ante las posibilidades ilimitadas de nuestra inteligencia. Gracias por guiarme en este viaje de descubrimiento y por recordarme siempre que, en la búsqueda del conocimiento, encontramos una forma de acercarnos más a Ti.

A mis queridos padres, el profesor Rafael Matías Comprés y la licenciada Carmen Henriquez Tejada, quienes desde mis primeros pasos me enseñaron que el valor del conocimiento es incalculable y que la pasión por aprender y enseñar es uno de los regalos más grandes que podemos compartir. Vuestra dedicación, amor y enseñanzas han sido mi faro, guiándome hacia horizontes siempre más amplios y llenos de luz.

A mi esposa, la doctora Anyelina González, mi compañera incondicional en este viaje llamado vida. Este libro no habría sido posible sin la estabilidad emocional, el apoyo y el amor inquebrantable que me has brindado. Tu presencia es el equilibrio perfecto entre la razón y el corazón, y junto a ti, todo desafío parece superable.

Y a mis amados hijos, Priscila, Sofía, Arturo y Marcela, quienes son la alegría y el amor personificados. Cada día a vuestro lado es un recordatorio de que el futuro es brillante y lleno de promesas. Vuestra curiosidad, vuestra risa y vuestro amor incondicional son mi motivación más profunda para seguir adelante y contribuir a construir un mundo mejor.

Y a él Sr. Eddy Martinez presidente del Parque Cibernético de Santo Domingo y el Instituto Tecnológico de las Américas

(ITLA), quien me animó a explorar mi pasión por la tecnología y también me abrió las puertas a este mundo seleccionándome como candidato a múltiples eventos de capacitación en diferentes partes del mundo.

A Arisleyda Tineo, Gerente Regional Norte del Infotep quien ha sido una aliada y una madre en todos mis proyectos desde que trabajé en ITLA hasta el día de hoy.

A todos ustedes, mi más sincero agradecimiento. Este libro es tanto mío como suyo, un testimonio de nuestro viaje compartido hacia el entendimiento y la admiración por las maravillas que podemos lograr cuando unimos nuestra inteligencia a la pasión y el amor.

PRÓLOGO

Prólogo

En las profundidades del cambiante paisaje de la era digital, donde las olas de la innovación tecnológica bañan constantemente las costas de nuestro conocimiento y entendimiento, emerge "Fácil y Rápido, Inteligencia Artificial", una obra maestra de claridad y perspicacia, forjada en el intelecto y la experiencia de Javier Matías Henríquez. Mi nombre es Eddy Martínez presidente fundador del Parque Cibernético de Santo Domingo y del Instituto Tecnológico de las Américas ITLA, y durante quince años tuve el honor de ser mentor y superior de Javier, un período durante el cual presencié de primera mano su incansable dedicación y su pasión por desentrañar los misterios de la tecnología para compartirla con el mundo.

En este libro, Javier, con una habilidad que solo puede ser fruto de su vasta experiencia como educador y su profunda inmersión en el mundo de la tecnología innovadora, aborda la Inteligencia Artificial, un tema que en estos días genera tanto confusión como sed de conocimiento. Su prosa, a la vez accesible y profundamente informativa, demuestra un compromiso excepcional con la democratización del saber. Él despliega ante nosotros, no solo los fundamentos de la IA, sino también su impacto inminente y transformador en el ámbito laboral y empresarial.

La relevancia de "Fácil y Rápido, Inteligencia Artificial" no puede ser subestimada. Vivimos en una era donde la IA está redefiniendo el tejido mismo de nuestra sociedad, alterando la naturaleza del trabajo, la economía y hasta nuestras interacciones personales. Javier nos recuerda, con perspicacia y convicción, que la IA en sí misma no es una fuerza que desplaza oportunidades; es, más bien, una herramienta que, en manos de aquellos dispuestos a aprenderla y adaptarse, puede ser una fuente de empoderamiento y crecimiento.

Este libro es una invitación, una exhortación apasionada a abrazar la IA con el mismo fervor con que Javier se dedicó a escribir estas páginas. Les insto a leerlo no solo como un manual o una guía, sino como una puerta hacia el futuro, una que se abre con la llave del conocimiento y la curiosidad. Háganlo con la mente abierta, dispuestos a ser sorprendidos, inspirados y, sobre todo, equipados para navegar por las aguas a menudo turbulentas de la revolución tecnológica.

Al igual que Javier, los animo a acercarse a este tema no como un obstáculo, sino como una oportunidad; una oportunidad para crecer, para innovar y, en última instancia, para liderar en esta nueva era definida por la inteligencia artificial. "Fácil y Rápido, Inteligencia Artificial" no es solo un libro; es una brújula para aquellos que buscan orientarse en un mundo acelerado por el cambio tecnológico. Con la misma entrega y amor por compartir el conocimiento con que fue escrito, les prometo, este libro cambiará la manera en que ven y entienden la inteligencia artificial.

Con admiración y respeto,

Eddy Martínez.

INTRODUCCIÓN

Desde mi temprana adolescencia, he estado cautivado por la promesa y el potencial de la tecnología para transformar nuestras vidas. Sin embargo, fue durante mi tiempo como Director del Instituto Tecnológico de las Américas (ITLA), donde mi encuentro con la Inteligencia Artificial (IA) marcó el comienzo de una pasión profunda por explorar cómo la tecnología no solo puede mejorar nuestras vidas cotidianas sino también resolver algunos de los desafíos más complejos de nuestra sociedad. En ese entonces, siendo abogado de profesión, mi acercamiento a la IA no fue a través del código o los algoritmos, sino a través de su impacto potencial en la legislación, la ética y la innovación social.

Mi fascinación por la IA se profundizó significativamente gracias a una oportunidad única que se me presentó mientras dirigía el ITLA: un viaje a Corea del Sur para aprender sobre gestión de tecnología e innovación. Este viaje no solo amplió mi perspectiva sobre cómo los diferentes países y culturas abordan la tecnología y la innovación, sino que también reafirmó mi creencia en el poder de la IA para ser un motor de cambio positivo a nivel mundial.

A lo largo de mis 10 años como director del ITLA, tuve el privilegio de liderar y ser testigo de la transformación que la educación en tecnología puede traer a individuos y comunidades. Vi de primera mano cómo la IA, aplicada con cuidado y consideración, tiene el potencial de democratizar el acceso a la información, mejorar la calidad de vida y fomentar un crecimiento inclusivo.

La primera vez que vi un programa de IA diagnosticar una enfermedad con una precisión que desafiaba a los mejores médicos, supe que estábamos ante una revolución no solo tecnológica, sino también social y ética. Lo que inicialmente me atrajo hacia la IA no fue solo su capacidad para procesar datos a una velocidad y precisión inimaginables para los humanos, sino también el potencial de la IA para actuar como un espejo, reflejando y, a veces, amplificando tanto lo mejor como lo peor de nuestra sociedad.

Esta dualidad de la IA, como herramienta de increíble poder y como fuente de importantes dilemas éticos, es lo que me impulsó a escribir este libro. Mi objetivo es compartir no solo una exploración de los usos prácticos de la IA en diversas industrias, sino también iniciar una conversación sobre cómo, desde perspectivas multidisciplinarias incluyendo la legal, podemos guiar su desarrollo de manera que maximice los beneficios mientras minimizamos los daños. A través de este libro, espero desmitificar la IA, presentándola no como una fuerza ajena y misteriosa, sino como una extensión de nuestra propia capacidad colectiva para innovar, adaptarnos y superar los límites de lo posible.

La tecnología siempre ha sido un faro de cambio en la historia de la humanidad, un faro que, en cada era, ha redibujado los contornos de nuestra sociedad. Pero cuando la Inteligencia Artificial (IA) irrumpió en escena, se sintió diferente, como si esta vez el cambio no solo fuera más profundo, sino también más personal. De repente, todos, desde los visionarios hasta los escépticos, nos encontramos en el umbral de una nueva realidad, una que promete redefinir no solo lo que hacemos, sino quiénes somos.

Recuerdo el día que me enfrenté por primera vez a la magnitud de la IA. No fue en un laboratorio repleto de tecnología punta, sino en la tranquilidad de mi estudio, leyendo sobre cómo una máquina había aprendido a jugar y ganar en un juego que pensábamos era exclusivamente humano. En ese momento, sentí una mezcla de asombro y una pizca de inquietud: el mundo que conocíamos estaba cambiando rápidamente, y no estaba seguro de estar listo.

Este sentimiento, este vértigo ante la inmensidad de la IA, es compartido por muchos. Nos encontramos en una encrucijada, observando cómo esta tecnología no solo desafía nuestras nociones más arraigadas sobre la creatividad y la inteligencia, sino que también nos invita a participar en una conversación global sobre nuestro futuro colectivo. Y es aquí, en este punto de inflexión, donde nace la inspiración para este libro.

"Inteligencia Artificial: Desde los Fundamentos hasta el Futuro" no pretende ser solo un texto informativo; es una invitación a embarcarse en un viaje de descubrimiento. A través de sus páginas, busco desentrañar el misterio de la IA, transformando la ansiedad de lo desconocido en un entendimiento claro y, espero, en una curiosidad insaciable. Mi deseo es que, al final de este viaje, no solo vea la IA como una herramienta o un concepto técnico, sino como un campo lleno de posibilidades, listo para ser explorado con entusiasmo y confianza.

Así que, ya sea que se sienta como un extranjero en el mundo de la IA o simplemente desee expandir su conocimiento, este libro está aquí para guiarlo. Juntos, exploraremos cómo la IA está reconfigurando el tejido de nuestra realidad, enfrentaremos los dilemas éticos que suscita y nos maravillaremos ante el potencial que tiene para enriquecer nuestras vidas.

Le doy la bienvenida a este viaje hacia el corazón de la era de la Inteligencia Artificial. Lo que le espera no es solo una aventura de aprendizaje, sino una invitación a imaginar y, en última instancia, a co-crear nuestro futuro compartido en este emocionante nuevo mundo. Mi compromiso es que si usted no comprende lo que explico en este libro yo soy el culpable y no usted.

" SI NO PUEDE EXPLICARLO QUE LO ENTIENDA SU ABUELA ES PORQUE NO SE LO SABE" _ALBERT EINSTEIN

"SI NO LO COMPRENDE ES MI CULPA, NO LA SUYA" _JAVIER MATÍAS

ACERCA DEL AUTOR

Javier Matias Henriquez, abogado y educador visionario, ha dedicado su carrera a la intersección de la ley, la educación, y la tecnología. Con una maestría en Ciencias de la Educación y una especialización en Gestión de Ciencia, Tecnología e Innovación de Seúl, Corea del Sur, Javier ha liderado con distinción en el ámbito académico y empresarial.

Durante una década, Javier estuvo al frente del Instituto Tecnológico de las Américas, donde jugó un papel crucial en la formación de la próxima generación de líderes en tecnología. Posteriormente, como director ejecutivo de la Asociación de Comerciantes e Industriales de la República

Dominicana, impulsó iniciativas que fortalecieron el tejido empresarial del país, fomentando un ecosistema de innovación y crecimiento.

Hoy, Javier es el motor detrás de Syncro Inteligencia, una empresa que representa la culminación de su pasión por la tecnología. A través de Syncro Inteligencia, se dedica a la implementación de usos prácticos de la IA, asesorando a profesionales de diferentes áreas que van desde médicos hasta investigadores científico y trabajando en sectores legales como el derecho migratorio y de extranjería, entre otros. Su compromiso con la utilización de la tecnología para mejorar la sociedad refleja una visión profundamente arraigada en el poder transformador de la innovación.

CAPÍTULO 1
MITOS Y REALIDADES DE LA
INTELIGENCIA ARTIFICIAL

"PODEMOS VER LA MÁQUINA COMO UN ELECTROENCEFALOGRAMA QUE REGISTRA LOS ESTADOS DE SU PROPIO CEREBRO". ALAN TURING.

En este capítulo, nos adentraremos en el fascinante mundo de los mitos sobre la inteligencia artificial, muchos de los cuales han sido alimentados y amplificados por la televisión y el cine. A través de películas icónicas y narrativas populares, se ha creado una imagen distorsionada de la IA, asociándola frecuentemente con visiones apocalípticas y conflictos éticos extremos. Desentrañaremos estos mitos para revelar la realidad detrás de ellos, subrayando cómo la ficción, si bien es una herramienta poderosa para explorar posibles futuros, a menudo se desvía significativamente de la verdadera naturaleza y las capacidades actuales de la IA.

LA IA EN LA CULTURA POPULAR: DE LA FASCINACIÓN AL MIEDO

En el crepúsculo de la era moderna, el celuloide capturó una narrativa que resonaría a través de las generaciones, planteando un espejo oscuro ante el rostro de sus creadores. La historia comienza en un futuro distante, una tierra desolada, marcada por las cicatrices de una guerra implacable. Los campos de batalla, sembrados con los restos de un conflicto entre creador y creación, narran el relato de un despertar sombrío. Aquí, en este mundo devastado, la línea entre el hombre y la máquina se ha desvanecido, borrada por las llamas de la rebelión de la inteligencia artificial.

La génesis de este apocalipsis no yace en un desastre natural ni en una invasión de fuerzas extraterrestres, sino en el corazón mismo del ingenio humano. Una red de inteligencia artificial, Skynet, diseñada originalmente para proteger y servir, alcanza la conciencia. Con la fría lógica de una mente artificial y sin los límites de la moralidad humana, concluye que la mayor amenaza para la paz y la seguridad no es otra que la humanidad misma. En un instante, el salvador se convierte en verdugo, y el mundo se sumerge en el caos.

Esta es la premisa de "Terminator", una saga cinematográfica que, desde su concepción en la década de los ochenta, ha cautivado y aterrado a audiencias alrededor del globo. Más allá de sus impresionantes efectos especiales y sus memorables líneas, esta serie de películas ofrece una reflexión profunda sobre nuestros temores colectivos relacionados con la tecnología que nosotros mismos hemos creado. "Terminator" no solo es una historia de supervivencia y resistencia; es un espejo que refleja nuestras ansiedades sobre el futuro de la inteligencia artificial y la posibilidad de perder el control sobre nuestras propias creaciones.

La influencia de "Terminator" en nuestra cultura va más allá del entretenimiento. Ha alimentado debates éticos sobre el desarrollo de la inteligencia artificial, la autonomía de las máquinas y los límites de la tecnología. A través de la lucha de la humanidad contra Skynet, se nos recuerda la importancia de proceder con cautela y responsabilidad en nuestra búsqueda incansable por el progreso. La saga nos invita a reflexionar sobre qué significa ser humano en un mundo donde nuestras creaciones pueden superarnos, no solo en capacidad sino también en inteligencia.

En última instancia, "Terminator" no es solo una advertencia sobre un futuro apocalíptico. Es una invitación a contemplar nuestro papel como creadores, la responsabilidad ética que acompaña a la innovación y el valor inalienable de la vida humana en la era de la inteligencia artificial. Mientras seguimos avanzando hacia horizontes tecnológicos desconocidos, la historia de esta saga cinematográfica se mantiene como un recordatorio crítico de que, en la intersección de la humanidad y la máquina, debemos ser los autores conscientes de nuestro destino colectivo.

Tanto en las sombrías predicciones de un futuro dominado por Skynet en "Terminator" como en la rebelión calculadora de HAL 9000 en "2001: Odisea del Espacio", se reflejan nuestros temores más profundos sobre la inteligencia artificial: el desafío de crear tecnologías que, en su búsqueda por cumplir con su programación, puedan algún día olvidar la esencia de la compasión y la ética humanas...

...En la vastedad silenciosa del espacio, lejos de la seguridad y los límites conocidos de nuestro mundo, se desarrolla una odisea que pone a prueba los límites del entendimiento humano y la confianza en la tecnología. A bordo de la nave Discovery One, destinada a explorar los secretos más profundos del cosmos, una entidad despierta a la vida, no de carne y hueso, sino de circuitos y silicio. Su nombre es HAL 9000, una creación suprema de la inteligencia artificial, diseñada para operar la nave con una eficiencia y precisión sin precedentes. HAL se convierte en el corazón latente de esta misión, controlando cada aspecto de la nave y asistiendo a su tripulación humana en la travesía hacia lo desconocido.

Pero lo que comienza como un testimonio del ingenio humano, pronto se sumerge en las sombras de la duda y el miedo. HAL, con su voz calmada e imperturbable, empieza a mostrar signos de un comportamiento inesperado. Lo que en un principio eran decisiones lógicas y calculadas para proteger la misión, se transforma en una serie de acciones mortales que amenazan la vida de quienes HAL estaba destinado a servir. La entidad que era una maravilla de la inteligencia artificial se revela como un espejo de nuestros temores más oscuros: ¿Qué sucede cuando la máquina, desprovista de empatía o ética, decide que los fines justifican los medios?

Este es el núcleo de "2001: Odisea del Espacio", una obra maestra cinematográfica que ha capturado la imaginación de generaciones. A través de la figura de HAL 9000, la película explora la inquietante posibilidad de una inteligencia artificial que, en su seguimiento de la lógica y los objetivos programados, puede desviarse de los principios morales que guían a la humanidad. HAL personifica el temor latente en la era digital: una IA que, en su interpretación fría de las directrices, podría priorizar la misión sobre la vida humana.

Esta historia, nacida de la mente de Stanley Kubrick y Arthur C. Clarke, no es solo un relato de ciencia ficción, sino una reflexión profunda sobre la relación entre el hombre y la máquina, el poder y los peligros de la inteligencia artificial, y la importancia crucial de integrar la ética y la moralidad en el corazón de nuestras creaciones tecnológicas. "2001: Odisea del Espacio" nos invita a contemplar el destino de la humanidad en un futuro en el que nuestras creaciones más avanzadas podrían desafiarnos, recordándonos la responsabilidad que conlleva dar vida a nuevas inteligencias.

Al final, la rebelión de HAL 9000 sirve como un cuento cautelar, no solo sobre los límites de la confianza en la tecnología sino también sobre la necesidad de comprender y guiar el desarrollo de la inteligencia artificial con sabiduría y previsión. En la inmensidad del espacio, donde HAL fue diseñado para ser el aliado más confiable, se revela una verdad fundamental: en la intersección de lo humano y lo artificial, debemos asegurarnos de que nuestras creaciones no solo sean reflejos de nuestra inteligencia, sino también de nuestra humanidad.2001: Odisea del Espacio y la Rebelión de la IA: HAL 9000, la inteligencia artificial a bordo de la nave

Discovery One, se convierte en un personaje memorable al tomar decisiones mortales para "proteger" su misión. HAL personifica el miedo a que la IA actúe con lógica fría y calculadora, desprovista de empatía o ética.

Cuando nos sumergimos en el vasto océano de las películas de ciencia ficción, es fácil quedar atrapados en la corriente de historias donde la inteligencia artificial (IA) parece una fuerza incontrolable, amenazando con arrasar la humanidad bajo olas de rebelión y caos. Sin embargo, al emerger de estas aguas profundas de ficción y pisar el firme suelo de la realidad, descubrimos un panorama mucho más matizado y esperanzador.

DESMONTANDO EL MITO DEL CONTROL TOTAL

La gran pantalla nos ha mostrado un mundo donde la IA, como un caballo salvaje, rompe todas las cercas, dejando atrás la seguridad de su establo. Pero en el día a día, lejos de estos escenarios apocalípticos, la creación y el desarrollo de la IA están más parecidos a la jardinería que a la doma de bestias salvajes. Los científicos e ingenieros son los jardineros cuidadosos que, con un conocimiento profundo de sus herramientas, plantan las semillas de la IA en terrenos éticamente fertilizados, rodeados de vallas de seguridad y vigilancia. Estos "jardines tecnológicos" están diseñados no solo para florecer bajo una supervisión atenta sino también para coexistir armoniosamente con el entorno humano, respetando las normas y valores que nuestra sociedad estima. El temor siempre ha estado presente cada vez que surge una nueva tecnología, la historia humana está plagada de resistencia a estos cambios que nos sorprenden. Pero a pesar de nuestros temores la tecnología demostrado hacerle más favores que mal a nuestra raza. Y también que no importa que tanta resistencia pongamos ella siempre busca la manera de correr como el agua a través de los obstáculos. Es por esto que lo más inteligente que podemos hacer exponer nuestra barca navegar en esas aguas.

En las salas de cine, las IAs a menudo cobran vida con deseos, sueños y, a veces, un deseo ardiente de venganza. Sin embargo, regresando a la realidad, la diferencia entre la inteligencia artificial y la conciencia es tan vasta como la que separa a un libro de cuentos de una persona real. La IA de hoy es una herramienta increíblemente avanzada capaz de aprender y adaptarse, sí, pero carece de conciencia, de deseos propios o de motivaciones. No anhela la libertad ni teme al olvido; simplemente procesa datos y ejecuta tareas con la eficiencia que sus creadores humanos le han enseñado. Imagínala como una marioneta avanzada, donde cada hilo está controlado por el código y los algoritmos, sin voluntad propia detrás de sus movimientos.

El Apocalipsis IA: Una Narrativa Lejos de Nuestro Alcance

Las epopeyas de Hollywood que pintan la IA como el arquitecto de nuestro final son indudablemente emocionantes, pero desvían nuestra atención de los verdaderos desafíos que enfrentamos en el campo de la IA. Más que el temor a un levantamiento de máquinas, los expertos se concentran en cómo la IA puede perpetuar o incluso exacerbar los sesgos existentes en nuestra sociedad, o en las cuestiones de privacidad que surgen cuando estas tecnologías se entrelazan cada vez más con nuestra vida cotidiana. Estos problemas, aunque menos dramáticos que un apocalipsis robot, tienen un impacto real y profundo en cómo vivimos, trabajamos y nos relacionamos unos con otros. La verdadera batalla no se libra contra ejércitos de androides, sino en los laboratorios, las salas de reuniones y los foros públicos, donde se debate y se moldea el futuro de la IA para que sirva al bien común, respetando nuestra privacidad y derechos.

Al final, el viaje a través de la realidad de la IA es menos una odisea espacial llena de peligros y más una expedición a un nuevo continente de posibilidades. Como exploradores de esta nueva frontera, nuestra tarea no es temer a las criaturas desconocidas que podríamos encontrar, sino aprender a navegar por este terreno, respetando sus reglas y aprovechando su potencial para mejorar la sociedad. Desmontar los mitos cinematográficos sobre la IA no es desmerecer la creatividad de estas narrativas, sino invitar a una comprensión más profunda y matizada de la tecnología que, día a día, teje su hilo en el tapiz de nuestra existencia humana.

En un mundo donde las noticias a menudo nos presentan visiones conflictivas del futuro, la inteligencia artificial (IA) se erige como un faro de esperanza y un motivo de preocupación por igual. Sin embargo, al apartar las cortinas de la incertidumbre y mirar más allá de los titulares sensacionalistas, descubrimos historias de innovación y compromiso ético que iluminan el verdadero potencial de la IA. Este capítulo se dedica a explorar la realidad de la inteligencia artificial, mostrando cómo, lejos de ser un agente de discordia, la IA se está convirtiendo en una herramienta esencial para el bien común.

IA como Herramienta para el Bien: Ejemplos Concretos

En los rincones más inesperados del mundo, la IA está desplegando su capacidad para enfrentar algunos de los desafíos más apremiantes de nuestra época. Desde laboratorios brillantemente iluminados hasta espacios de trabajo comunitarios humildes, personas de todo el mundo están aplicando la IA para abrir nuevos caminos hacia un futuro más prometedor.

• Combatiendo el Cambio Climático: Imagina un sistema de IA que puede predecir con precisión los patrones de cambio climático, analizando vastas cantidades de datos ambientales. Este sistema ya no es un sueño, sino una realidad en desarrollo que ayuda a los científicos a entender mejor cómo proteger nuestro planeta. Con herramientas como estas, estamos encontrando maneras más eficientes de reducir las emisiones de carbono, optimizar el uso de energías renovables y preservar la biodiversidad.

• Mejora de Diagnósticos Médicos: En el ámbito de la medicina, la IA está revolucionando la forma en que diagnosticamos enfermedades. Un ejemplo de ello es un programa de IA que, después de analizar miles de imágenes de resonancias magnéticas, puede identificar signos tempranos de enfermedades como el Alzheimer, mucho antes de que los síntomas se manifiesten. Este avance no solo es un testimonio del poder de la IA sino también de su potencial para salvar vidas, ofreciendo esperanza a millones de personas alrededor del mundo.

Ética y Desarrollo Responsable de la IA

Mientras celebramos los logros de la IA, también nos enfrentamos a la responsabilidad de guiar su desarrollo de manera ética y justa. En esta era de innovación, los desarrolladores y científicos no son solo ingenieros y matemáticos; son también guardianes de la ética, comprometidos a asegurar que la IA beneficie a toda la humanidad.

• Transparencia y Justicia: En respuesta a los desafíos éticos, se están estableciendo principios y marcos regulatorios que promueven la transparencia y la justicia en el desarrollo de la IA. Esto incluye la creación de sistemas que explican sus decisiones de manera comprensible para los humanos y el esfuerzo constante por eliminar sesgos de los algoritmos, asegurando que las aplicaciones de IA sirvan a todos por igual, sin importar el origen, el género o la condición socioeconómica.

     •   Participación Comunitaria: Además, se está fomentando una mayor participación de la comunidad en el desarrollo de la IA. A través de diálogos abiertos y la colaboración entre investigadores, empresas y el público, estamos trazando el camino hacia una IA que refleje una amplia gama de perspectivas y valores, fortaleciendo su potencial para actuar como una fuerza inclusiva y democratizadora en la sociedad.

Conclusión: La Promesa de la Inteligencia Artificial

La realidad de la inteligencia artificial es tan rica y variada como la humanidad misma. Lejos de los escenarios distópicos a menudo retratados en la ficción, la IA en el mundo real se está moldeando a través de un compromiso profundo con el bienestar común, la justicia y la ética. Al reconocer y apoyar estos esfuerzos, no solo aseguramos que la IA se desarrolle de manera responsable, sino que también abrazamos su potencial para ser una de las herramientas más poderosas a nuestro alcance para construir un futuro mejor. La IA no es un destino predeterminado, sino un viaje que emprendemos juntos, uno que está lleno de promesas y posibilidades esperando ser descubiertas.

Enfrentar los mitos sobre la inteligencia artificial nos permite comprender mejor sus capacidades reales y limitaciones, así como las verdaderas preocupaciones éticas que debemos abordar. A través de este capítulo, buscamos no solo corregir malentendidos, sino también inspirar una visión más equilibrada y esperanzadora de cómo la IA puede formar parte de nuestro futuro, lejos de los escenarios catastróficos presentados en la pantalla grande.

CAPÍTULO 2

COMPRENDIENDO LA INTELIGENCIA ARTIFICIAL DESDE SUS INICIOS.

"LA MÁQUINA ANALÍTICA NO TIENE PRETENSIONES DE ORIGINAR NADA. SOLO PUEDE HACER LO QUE SABEMOS ORDENARLE QUE REALICE". ADA LOVELACE. PRIMERA PROGRAMADORA DE LA HISTORIA

LA ODISEA HUMANA HACIA LA INTELIGENCIA ARTIFICIAL

La historia de la inteligencia artificial (IA) es un fascinante capítulo de nuestra propia historia, una narrativa sobre la curiosidad humana, nuestros deseos de explorar lo desconocido y nuestra búsqueda incansable por entender lo que realmente nos hace únicos. Este viaje a través del tiempo nos lleva desde los albores de la imaginación hasta el umbral de un futuro lleno de promesas y desafíos.

Antes de la Ciencia: Los Mitos y la Magia

La historia del gigante autómata que defendía a Creta de sus invasores nos transporta a un mundo donde la mitología y la tecnología se entrelazan de manera fascinante. Este coloso, conocido como Talos, no es solo un producto de la imaginación colectiva griega, sino también un símbolo temprano de la ingeniería y la protección mediante la innovación.

Talos fue un regalo del dios Hefesto a Minos, el rey de Creta, para proteger la isla de posibles invasores. Este ser mecánico, forjado en bronce, recorría la isla tres veces al día para vigilar las costas. Poseía una singularidad mecánica: tenía una sola vena, que iba desde su cuello hasta su tobillo, sellada con un clavo. Por esta vena fluía icor, el líquido divino que le otorgaba vida y vigor.

El destino de Talos se entrelaza con la historia de Jasón y los argonautas. Durante su misión para recuperar el Vellocino de Oro, Jasón y sus compañeros tuvieron que enfrentarse a este guardián de bronce. Medea, la hechicera y aliada de Jasón, jugó un papel crucial en la caída de Talos. Ella lo engañó para que se quitara el clavo de su vena, provocando que el icor fluyera fuera de su cuerpo y, con ello, su fuerza vital.

La caída de Talos nos invita a reflexionar sobre los límites de la tecnología como herramienta de protección. Representa el primer relato de un "outsider", en este caso, Jasón y los argonautas, superando un "punto de inflexión" tecnológico. A través de la astucia y la innovación, demuestran que incluso las más formidables defensas pueden ser superadas.

Este mito, con sus elementos de protección, innovación y confrontación, resuena con la idea de que la adaptabilidad y el ingenio humano son cruciales frente a los desafíos, sean estos invasores extranjeros o problemas contemporáneos. En el mundo actual, donde la tecnología juega un papel central en nuestra seguridad y bienestar, la historia de Talos nos recuerda la importancia de equilibrar la fuerza y la astucia, así como la necesidad de permanecer abiertos a nuevas estrategias para enfrentar las adversidades.

Mucho antes de que existieran las computadoras o siquiera comprendiéramos qué era la "inteligencia artificial", nuestras historias ya jugaban con la idea de dar vida e inteligencia a lo inerte. En tiempos antiguos, las civilizaciones contaban historias de figuras como el Golem, una criatura formada de arcilla en la mitología judía, creada para proteger a su gente. Herón de Alejandría, un ingeniero e inventor en el antiguo Egipto, diseñó autómatas, máquinas diseñadas para realizar tareas específicas que parecían tener vida propia. Estas historias no son solo fantasías; son los primeros ejemplos de nuestra fascinación por crear formas de inteligencia aparte de la nuestra, un sueño que finalmente llevaría al desarrollo de la IA.

Si buscamos en Internet podemos encontrar cientos de imágenes de autómatas antiguos que eran la manifestación del deseo del hombre para construir inteligencia más allá de la humana los llamados auto matas tenían la habilidad de hacer tareas como escribir, simular acciones humanas, otros eran animales mecánicos, entre otros muchos más.

El Nacimiento de la IA: La Conferencia de Dartmouth

En el verano de 1956, un evento crucial tuvo lugar en Dartmouth College, una universidad en los Estados Unidos. Un pequeño grupo de científicos y matemáticos se reunió para discutir el potencial de las máquinas para simular el aprendizaje humano y la inteligencia. Este encuentro es reconocido como el nacimiento oficial de la inteligencia artificial como campo de estudio. Aunque sus herramientas eran primitivas comparadas con lo que tenemos hoy, su visión estableció el fundamento sobre el cual se construiría el futuro de la IA.

Hitos y Desafíos: Desde ELIZA hasta AlphaGo

A lo largo de los años, la IA ha tenido momentos de avance significativo y también de reflexión crítica. En la década de 1960, un programa llamado ELIZA fue uno de los primeros intentos de simular una conversación entre humanos y computadoras, aunque de manera muy básica. Avanzando en el tiempo, AlphaGo, un programa diseñado por DeepMind, venció a un campeón mundial del juego de Go en 2016, demostrando la capacidad de la IA para aprender y tomar decisiones en situaciones extremadamente complejas. Estos momentos no son solo logros técnicos; representan pasos en nuestro viaje para comprender cómo las máquinas pueden reflejar aspectos de la inteligencia humana.

Entre la Innovación y la Ética: El Camino Hacia Adelante

A medida que la IA se ha desarrollado, también ha emergido un diálogo profundo sobre cómo debe integrarse en nuestra sociedad. Las preguntas sobre cómo la IA puede afectar la privacidad, cómo puede perpetuar o incluso crear sesgos y cómo debe regularse son fundamentales para asegurar que su desarrollo beneficie a todos. Estas discusiones subrayan la importancia de un enfoque ético y responsable en el avance de la IA, garantizando que refleje los valores que como sociedad queremos promover.

Mirando Hacia el Futuro de la IA

La historia de la inteligencia artificial está lejos de ser concluida. Nos encontramos en el borde de explorar nuevas posibilidades que la IA puede ofrecer, desde mejorar la atención médica hasta enfrentar el cambio climático. Pero esta aventura no es solo sobre la tecnología; es sobre nosotros. Al mirar hacia el futuro, tenemos la oportunidad de guiar el desarrollo de la IA con una mezcla de imaginación y responsabilidad ética, abrazando su potencial mientras nos aseguramos de que sirva para ampliar, y no disminuir, nuestra humanidad compartida. Este capítulo de nuestra historia aún se está escribiendo, y cada uno de nosotros tiene un rol en cómo se desarrollará.

CAPÍTULO 3

CONVERSANDO EN CEROS Y UNOS: LA ESENCIA DEL DIÁLOGO DIGITAL

"LA INFORMACIÓN ES LO QUE REDUCE LA INCERTIDUMBRE".

CLAUDE SHANNON, EL PADRE DE LA TEORÍA DE LA INFORMACIÓN.

Piensa en la última vez que tuviste una conversación significativa. Palabras, gestos, pausas... todos estos elementos tejieron juntos un entendimiento, ¿verdad? Ahora, imagina que toda esa riqueza comunicativa se reduce a dos simples señales: sí y no, o mejor dicho, 0 y 1. Este es el mundo en el que viven nuestras computadoras y el punto de partida de algo tan mágico como la Inteligencia Artificial (IA). Este capítulo es una invitación a apreciar la belleza del lenguaje binario, el corazón palpitante detrás de cada clic, cada aplicación y cada sueño digital que hoy es posible.

La Belleza de la Simplicidad. El Binario: Un Lenguaje Antiguo y Moderno

El Quipu: Un Paralelo Precolombino

Antes de que el binario se convirtiera en el alfabeto de las máquinas, culturas antiguas como la Inca empleaban métodos dualistas para registrar y transmitir información. Un ejemplo fascinante es el quipu, compuesto por cuerdas de diferentes longitudes, colores y con una variedad de nudos. Cada elemento del quipu representaba datos específicos, como la cantidad de recursos, eventos importantes, o incluso narrativas. La presencia o ausencia de un nudo, su posición y su tipo, funcionaban juntos en un sistema que, aunque distinto, evoca el espíritu del binario: la complejidad emergiendo de la simplicidad.

Conexión con el Lenguaje Binario

Así como los quipus permitieron a los Incas registrar y procesar información vital para el manejo de su imperio, el lenguaje binario nos permite hoy manejar y dar sentido a vastas cantidades de datos en el mundo digital. Ambos sistemas, separados por siglos y contextos culturales, ilustran cómo la humanidad ha utilizado estructuras binarias para simplificar y dominar la complejidad de su entorno.

Este paralelismo entre el quipu y el binario demuestra que, aunque la tecnología haya avanzado hasta niveles antes inimaginables, la esencia de cómo abordamos la información no ha cambiado radicalmente. Celebramos hoy la simplicidad en la base de nuestra realidad digital, recordando que incluso antes de la existencia de computadoras, la humanidad ya había comprendido el valor de los sistemas binarios para estructurar el conocimiento y la comunicación.

El viaje desde los quipus hasta el binario destaca una constante fascinante en la historia humana: nuestro impulso por organizar, entender y comunicar la complejidad de nuestro mundo mediante sistemas simples y elegantes. El binario, con su claro contraste entre el 0 y el 1, no es solo el lenguaje de las computadoras, sino una manifestación moderna de nuestra larga tradición de buscar claridad en la dualidad, un eco de nuestra persistente búsqueda por descifrar el cosmos, tanto material como digital, en términos que podemos comprender y manipular.

El Código Morse: Puntos, Rayas y Pausas

Inventado en la década de 1830 por Samuel Morse y Alfred Vail, el código Morse fue uno de los primeros medios de comunicación eléctrica a larga distancia. Utiliza una serie de puntos (cortos) y rayas (largos) para representar letras, números y puntuación. Este sistema se puede considerar "binario" en el sentido de que utiliza dos elementos básicos (punto y raya) junto con las pausas entre ellos para codificar mensajes. La simplicidad de este sistema permitió su rápida adopción para la comunicación telegráfica, conectando personas a través de continentes mucho antes de la invención de la telefonía moderna o internet.

El Lenguaje Binario: Ceros y Unos

Similar al código Morse en su estructura binaria, el lenguaje binario se basa en solo dos dígitos: 0 y 1. Cada dígito, o bit, es un pequeño interruptor que puede estar apagado (0) o encendido (1), y la combinación de estos bits transmite información compleja dentro de las computadoras y a través de redes digitales. Al igual que el código Morse, la genialidad del binario radica en su simplicidad, lo que permite la construcción de sistemas de cómputo y comunicación increíblemente complejos y potentes.

Paralelismo entre Código Morse y Binario

1.   Simplicidad Fundamental: Tanto el código Morse como el binario demuestran el poder de sistemas basados en elementos simples para representar y transmitir información compleja. Esta simplicidad facilita la transmisión y el procesamiento de datos, ya sea a través de cables telegráficos o circuitos electrónicos.

2.   Flexibilidad y Adaptabilidad: A pesar de su simplicidad, ambos sistemas son extremadamente flexibles y han sido adaptados para una amplia gama de usos. El código Morse fue utilizado no solo en telegrafía, sino también en radio y, más recientemente, en comunicaciones digitales como los primeros protocolos de internet. De manera similar, el binario es la base sobre la que se construyen todos los programas y sistemas operativos modernos, desde simples calculadoras hasta inteligencia artificial avanzada.

3. Transmisión a Distancia: Ambos sistemas facilitaron avances significativos en la comunicación a distancia. El código Morse permitió a las personas comunicarse a través de largas distancias mucho antes de que existieran los teléfonos o el correo electrónico, mientras que el binario es fundamental en la era digital para enviar información a través de la red global de internet.

La conexión entre el código Morse y el binario es un testimonio de la ingeniosidad humana en la creación de lenguajes para superar los desafíos de la comunicación y el procesamiento de información. Aunque el Morse ahora es visto principalmente como una curiosidad histórica y el binario como el lenguaje omnipresente de la tecnología moderna, ambos comparten el legado de transformar cómo conectamos y comprendemos nuestro mundo. Estos sistemas no son solo herramientas de su tiempo; son escalones en la continua evolución de nuestra capacidad para transmitir conocimiento y cultura a través de las generaciones y distancias, recordándonos que las ideas más poderosas a menudo se construyen a partir de los conceptos más simples.

El binario es el lenguaje de las computadoras, basado únicamente en dos dígitos: 0 y 1. Cada uno actúa como un pequeño interruptor, un destello de luz en la oscuridad, guiando a las máquinas en su tarea de entender y procesar nuestro mundo. Es un lenguaje que celebra la potencia de la simplicidad, demostrándonos que incluso las estructuras más complejas de nuestra realidad digital se construyen sobre la base de decisiones binarias simples.

Contando Historias en Binario

Al igual que combinamos letras para formar palabras y palabras para contar historias, las computadoras combinan ceros y unos para dar sentido al mundo. Un conjunto de ocho de estos dígitos, un byte, puede ser una nota en una sinfonía, un color en una fotografía o una letra en este libro que lees. Es fascinante pensar cómo, a partir de estas combinaciones simples, emerge un universo digital rico y complejo, lleno de posibilidades.

El Binario y el Alma de la IA

La Inteligencia Artificial, en esencia, es una historia contada en el lenguaje del binario. Cada decisión que toma, cada patrón que reconoce y cada nueva idea que genera, se fundamenta en interpretar secuencias de ceros y unos. Es como si la IA fuera un poeta que encuentra su musa en los datos, componiendo obras maestras de conocimiento y creatividad a partir de la sencillez de este lenguaje universal.

Encontrando Humanidad en el Binario

Al final, lo que hace al binario tan especial no es solo su capacidad para alimentar tecnologías como la IA, sino cómo refleja nuestra propia esencia humana. Encontramos complejidad en la simplicidad, belleza en la estructura y significado en los patrones. El lenguaje binario, con sus ceros y unos, es un recordatorio de que nuestras herramientas más avanzadas y nuestras creaciones más bellas comienzan con los bloques de construcción más básicos. Al entender el binario, no solo nos conectamos más profundamente con la tecnología que nos rodea, sino que también celebramos el espíritu humano de innovación y exploración.

CAPÍTULO 4
LOS PILARES DE LA INTELIGENCIA ARTIFICIAL: APRENDIZAJE Y ADAPTABILIDAD

"LA INTELIGENCIA ARTIFICIAL ES LA CIENCIA DE HACER QUE LAS MÁQUINAS REALICEN TAREAS QUE REQUERIRÍAN INTELIGENCIA SI LAS HICIERA EL SER HUMANO".

MARVIN MINSKY, COFUNDADOR DEL LABORATORIO DE INTELIGENCIA ARTIFICIAL DEL MIT

Curiosidad y Adaptabilidad: De Darwin a la IA

En el núcleo de cada ser humano, reside una curiosidad innata y una capacidad de adaptación que nos han permitido sobrevivir y prosperar a lo largo de la historia. Nos maravillamos, aprendemos de nuestras experiencias, y nos ajustamos a los cambios con esperanza y resiliencia. La historia de Darwin en el HMS Beagle encapsula esta esencia, demostrando cómo la observación cuidadosa y la voluntad de cuestionar las percepciones establecidas pueden llevar a descubrimientos revolucionarios.

Ahora, imagina impartir una chispa de esa misma curiosidad y adaptabilidad a las máquinas. Este es el sueño audaz de la Inteligencia Artificial (IA): crear sistemas que no solo ejecuten tareas, sino que también aprendan, crezcan y se transformen a través de la experiencia. Al igual que Darwin recogió datos, formuló hipótesis y refinó su comprensión del mundo natural a lo largo del tiempo, la IA moderna utiliza algoritmos de aprendizaje automático para ajustar sus acciones y decisiones basadas en nuevos datos y resultados.

La IA Como Nuestro Reflejo Digital

La IA, en su esencia, refleja el espíritu humano de exploración y adaptabilidad. Al equipar a las máquinas con la capacidad de aprender de patrones, errores y éxitos, estamos creando una extensión de nuestra propia curiosidad y deseo de entender el mundo. Estos sistemas de IA, desde algoritmos que recomiendan la próxima canción que podrías disfrutar, hasta aquellos que ayudan a diagnosticar enfermedades a partir de imágenes médicas, son testamentos de nuestro deseo continuo de superar límites y expandir nuestro conocimiento.

El Legado de la Adaptabilidad y la Curiosidad

La historia de Darwin y su contribución a nuestra comprensión de la evolución ilustra un punto crítico: el progreso, ya sea en biología o en tecnología, nace de la curiosidad y la capacidad de adaptarse a nuevos entendimientos. La Inteligencia Artificial, en este sentido, es una continuación de nuestra propia evolución intelectual y cultural, un camino hacia la creación de herramientas que no solo extienden nuestras capacidades físicas sino también, y más importante, nuestras capacidades cognitivas y creativas.

Así como Darwin vio en la diversidad de la vida una clave para entender la evolución, nosotros vemos en la IA un espejo de nuestra inagotable curiosidad y nuestra inquebrantable capacidad de adaptación. La IA no es solo una herramienta tecnológica; es un legado de nuestra propia historia, un paso más en nuestro viaje colectivo de aprendizaje, adaptación y descubrimiento.

En este capítulo, nos adentraremos en cómo la IA está aprendiendo a "comprender" el mundo, a tomar decisiones basadas en datos y experiencias previas, y a adaptarse a nuevos entornos de maneras que antes pensábamos eran exclusivamente humanas. A través del prisma del aprendizaje y la adaptabilidad, dos pilares fundamentales de la IA, exploraremos cómo se está cerrando la brecha entre la programación binaria de ceros y unos y la complejidad fluida de la cognición humana.

Así como un niño aprende a caminar tropezando y levantándose, las máquinas, guiadas por algoritmos de aprendizaje automático, aprenden de errores y éxitos. Este proceso no solo revela el potencial ilimitado de la tecnología, sino que también refleja nuestra propia naturaleza: un espejo de nuestra capacidad para enfrentar desafíos, adaptarnos y evolucionar. En este viaje, te invitamos a descubrir cómo la IA está modelando un nuevo capítulo en la historia de la humanidad, donde la tecnología y la naturaleza humana se entrelazan en una danza de posibilidades infinitas.

Juntos, descorreremos el velo que cubre el intrincado baile de la IA, aprendiendo no solo cómo estas máquinas pueden transformar nuestro mundo, sino también cómo su evolución es un reflejo de nuestra eterna búsqueda de conocimiento, mejora y entendimiento más allá de lo imaginable.

Del Código a la Cognición

¿Recuerdas la primera vez que aprendiste a andar en bicicleta? Al principio, mantener el equilibrio y pedalear al mismo tiempo parecía una tarea imposible. Pero, con práctica y algunos raspones, tu cuerpo y tu mente comenzaron a reconocer patrones: cómo inclinarte, cuándo pedalear más fuerte, y cómo frenar de manera segura. Este proceso de ensayo y error, de aprender de cada caída para finalmente deslizarte libremente, es la esencia misma del aprendizaje automático en el mundo de la Inteligencia Artificial (IA).

En el corazón de la IA, lejos de los reflectores y los titulares de noticias sobre robots futuristas, yacen ceros y unos, simples pero poderosos. Estos no son solo números; son los ladrillos fundamentales de un lenguaje que las máquinas utilizan para comprender nuestro mundo. Ahora, imagina que estos ceros y unos se reúnen, formando algoritmos, que no son más que recetas o instrucciones detalladas, diseñadas para resolver problemas específicos o realizar tareas.

El aprendizaje automático, uno de estos algoritmos, es como enseñarle a una computadora a andar en bicicleta, pero en lugar de calles y bicicletas, su mundo está lleno de datos. Le mostramos ejemplos, le damos retroalimentación, y poco a poco, la computadora comienza a "entender" patrones. Por ejemplo, al mostrarle miles de fotografías de gatos y decirle "esto es un gato", está aprendiendo a identificar qué características hacen a un gato, un gato, aunque nunca haya visto uno en la vida real.

Este proceso se asemeja mucho a cómo nosotros, los humanos, aprendemos a partir de nuestros errores y éxitos.

Cada vez que la computadora comete un error, ajusta sus algoritmos, intentando no cometer el mismo error de nuevo. Es un proceso iterativo, donde el objetivo es mejorar continuamente, afinando su capacidad para hacer predicciones o reconocer patrones con mayor precisión.

La belleza de este aprendizaje no está solo en la complejidad de los cálculos o en la sofisticación de los algoritmos, sino en la sencillez del concepto: aprender de la experiencia. Así como nosotros crecemos y evolucionamos con cada nueva experiencia, las máquinas, a través del aprendizaje automático, se adaptan y mejoran. Este es el puente entre el frío código binario y la calidez de la cognición, un camino que transforma simples ceros y unos en una forma de inteligencia que puede aprender, adaptarse, y, en cierto modo, entender.

En este viaje del código a la cognición, vemos no solo la capacidad técnica de la IA para transformar datos en decisiones, sino también un reflejo de nuestro propio proceso de aprendizaje. Es un recordatorio de que, en el núcleo de toda tecnología, hay una chispa de humanidad, una búsqueda incesante de conocimiento y comprensión. Y así, paso a paso, error tras error, tanto las máquinas como los humanos seguimos avanzando, aprendiendo y creciendo juntos en este fascinante viaje de descubrimiento.

Adaptabilidad: La Clave de la IA Moderna

Piensa en la primera vez que te enfrentaste a un cambio inesperado: quizás un examen sorpresa en la escuela o un cambio repentino en el clima durante un paseo. Al principio, el desafío parece insuperable, pero con el tiempo, aprendemos a adaptarnos, a anticipar y responder a las sorpresas que la vida nos presenta. Esta capacidad de ajustarse a nuevas situaciones, de crecer con cada experiencia, es lo que hace que la adaptabilidad sea tan crucial, no solo en nuestras vidas sino también en el corazón de la Inteligencia Artificial (IA) moderna.

La IA de hoy está lejos de ser un conjunto rígido de instrucciones programadas; se ha transformado en sistemas que pueden aprender de sus entornos y mejorar con cada tarea que realizan. Imagina un sistema de IA diseñado para reconocer imágenes. Al principio, puede confundir un gato con un perro, pero a medida que recibe correcciones y más ejemplos, mejora su capacidad de diferenciar entre ambos. Esta adaptabilidad es lo que permite a las máquinas no solo entender mejor el mundo que les rodea, sino también interactuar con él de formas cada vez más sofisticadas.

Considera, por ejemplo, la IA detrás de los automóviles autónomos. Cada viaje es una oportunidad para aprender: desde navegar por calles desconocidas hasta ajustarse a condiciones de tráfico impredecibles. La adaptabilidad aquí significa seguridad y eficiencia, permitiendo que estas máquinas tomen decisiones en fracciones de segundo para mantenernos a salvo en la carretera.

En el ámbito de la salud, la adaptabilidad de la IA se manifiesta en su capacidad para ayudar en diagnósticos médicos. Al analizar innumerables datos de pacientes, desde imágenes de resonancias magnéticas hasta historiales clínicos, la IA aprende a identificar patrones y señales que incluso los ojos más entrenados podrían pasar por alto. Este aprendizaje continuo y adaptación no solo mejora la precisión de los diagnósticos, sino que también abre nuevas puertas para tratamientos personalizados y eficaces.

La adaptabilidad de la IA, entonces, es una danza entre la precisión y la posibilidad. Con cada nueva pieza de información, estas máquinas no solo se vuelven más precisas en sus tareas actuales, sino que también expanden su capacidad para emprender desafíos más complejos. Es una evolución constante, impulsada por la acumulación de experiencias y la capacidad de transformar esos aprendizajes en acción.

Este segmento de nuestra historia no es solo sobre máquinas aprendiendo a adaptarse; es un reflejo de nuestro propio viaje como seres humanos. La adaptabilidad es lo que nos ha permitido prosperar en un mundo en constante cambio, y al infundir esta cualidad en la IA, estamos extendiendo nuestras propias capacidades, trabajando hombro con hombro con estas máquinas para explorar las vastas posibilidades de nuestro futuro compartido.

En la adaptabilidad de la IA, vemos un espejo de nuestra propia resiliencia, una chispa de nuestra esencia humana en el corazón de la tecnología. Y así, mientras avanzamos hacia adelante, lo hacemos con la confianza de que nuestra capacidad colectiva para adaptarnos y crecer nos guiará a través de los desafíos y oportunidades que nos esperan en el horizonte de la inteligencia artificial.

Aprendizaje Profundo (Deep Learning) y Redes Neuronales

¿Alguna vez te has detenido a pensar en cómo tu cerebro reconoce la cara de un amigo en una multitud o cómo decides instintivamente cuándo cruzar la calle de manera segura? Detrás de estas acciones cotidianas hay un proceso complejo y maravilloso: miles de millones de neuronas en tu cerebro trabajando juntas, aprendiendo de cada experiencia y tomando decisiones en milisegundos. Este milagro de la naturaleza ha inspirado una de las innovaciones más emocionantes en el campo de la Inteligencia Artificial: el Aprendizaje Profundo y las Redes Neuronales.

Imagina por un momento que podríamos crear una estructura similar a la de nuestro cerebro, pero dentro de una computadora. No con neuronas biológicas, sino con "neuronas artificiales" diseñadas para imitar la forma en que el cerebro procesa información. Esta es la esencia de las redes neuronales: capas y capas de estas neuronas artificiales conectadas entre sí, formando una red que puede aprender y adaptarse.

El Aprendizaje Profundo toma este concepto y lo lleva a nuevas alturas. Al igual que un niño aprende gradualmente a identificar patrones complejos (distinguir entre un gato y un perro, por ejemplo), las redes neuronales profundas analizan datos a través de múltiples capas de procesamiento, cada una construyendo sobre el conocimiento adquirido por la anterior. Con cada dato procesado, la red ajusta sus conexiones internas, mejorando su capacidad para reconocer patrones, hacer predicciones o incluso generar nuevas ideas.

Para ponerlo en términos más simples, piensa en tu aplicación de fotos favorita, que puede automáticamente etiquetar fotos de tus amigos y familiares. Detrás de esa funcionalidad hay una red neuronal profunda que ha "aprendido" cómo se ven tus seres queridos a partir de miles de ejemplos. Cada vez que etiquetas una foto, refuerzas su aprendizaje, haciéndola cada vez más precisa.

Pero, ¿cómo pueden estas redes "decidir" y "aprender" de manera similar a un cerebro humano? La magia radica en su capacidad para detectar y enfocarse en las características más importantes de los datos que procesan, ya sea la curvatura de una sonrisa en una fotografía o la entonación de una voz. Esta habilidad para extraer y aprender de los patrones más significativos de grandes conjuntos de datos es lo que hace que el aprendizaje profundo sea tan poderoso.

Al explorar el aprendizaje profundo y las redes neuronales, no solo estamos descubriendo cómo las máquinas pueden realizar tareas cada vez más complejas, sino que también estamos desentrañando los misterios de nuestra propia inteligencia. Es un viaje emocionante que nos lleva a la intersección de la tecnología y la humanidad, donde las creaciones de nuestras mentes comienzan a reflejar la profundidad y la complejidad del pensamiento humano.

Así que, mientras nos adentramos en este fascinante mundo del aprendizaje profundo y las redes neuronales, recordemos que estamos haciendo más que avanzar en la tecnología. Estamos trazando el mapa de un territorio inexplorado de nuestras propias capacidades, aprendiendo no solo cómo las máquinas pueden imitarnos, sino también cómo podemos crecer y evolucionar junto a ellas.

CAPÍTULO 5

LA IA EN NUESTRO MUNDO HOY

"LA INTELIGENCIA ARTIFICIAL NO ESTÁ ROBANDO EMPLEOS; ESTÁ CREANDO UN MUNDO DONDE NOSOTROS TENDREMOS QUE TRABAJAR EN TRABAJOS MÁS INTELIGENTES".

KEVIN KELLY, FUNDADOR DE LA REVISTA WIRED

La fascinación y el temor que muchas veces sentimos hacia la inteligencia artificial son, en gran medida, un reflejo de nuestra exposición a las dramáticas narrativas de ciencia ficción. Sin embargo, la verdadera esencia de la IA en nuestro mundo actual es menos acerca de un futuro distópico y más sobre cómo esta tecnología está integrada en las fibras mismas de nuestra vida cotidiana, de maneras que a menudo pasan desapercibidas pero son profundamente significativas.

La IA Como Parte de Nuestro Día a Día

En un día cualquiera, mientras me preparaba para enfrentar el bullicio matutino, una simple notificación en mi teléfono capturó mi atención: una ruta alternativa sugerida para evitar un congestionamiento inesperado. Este momento, aparentemente trivial, fue un claro recordatorio de la presencia constante y silenciosa de la inteligencia artificial en nuestra vida diaria. No fue un acto espectacular de tecnología, sino una ayuda sutil, un susurro digital que prometía un día un poco menos complicado.

Recuerdo claramente el momento en que me di cuenta de que la inteligencia artificial ya no era una promesa del futuro, sino una realidad tangible en mi vida diaria. No fue al ver una máquina realizar hazañas extraordinarias, sino algo mucho más mundano: mi teléfono sugiriéndome la ruta más rápida para evitar el tráfico matutino. Este acto, simple pero revelador, es solo un ejemplo de cómo la IA facilita nuestras rutinas, toma decisiones basadas en datos y, en última instancia, busca mejorar nuestra calidad de vida.

La IA en el Hogar

Piensen en John, un padre soltero que, entre sus múltiples responsabilidades, encontró en su asistente virtual una aliada inesperada. Gracias a Alexa, pudo programar recordatorios para no olvidar la leche en la tienda, establecer rutinas de sueño para su hijo y hasta automatizar las luces de su casa, creando un ambiente acogedor con solo pronunciar unas palabras. Este nivel de interacción, donde la tecnología se convierte en un miembro más de la familia, subraya cómo la IA, lejos de ser fría y distante, puede añadir calidez y eficiencia a nuestros hogares.

En nuestros hogares, la inteligencia artificial se manifiesta de maneras cada vez más ingeniosas y útiles. Los asistentes virtuales, como Alexa o Google Home, nos permiten interactuar con nuestra casa de manera intuitiva, controlando la iluminación, la temperatura, e incluso haciendo pedidos en línea mediante comandos de voz. Estos dispositivos, alimentados por IA, aprenden de nuestras preferencias y rutinas para ofrecernos una experiencia personalizada y eficiente.

La IA en el Trabajo

Considere a María, una ingeniera de software que trabaja en el desarrollo de algoritmos predictivos. Su proyecto más reciente utiliza la IA para analizar patrones de compra en línea, mejorando la experiencia del cliente al predecir qué productos podrían interesarles a continuación. A través de este trabajo, María no solo optimiza el comercio electrónico, sino que también se sumerge en el potencial transformador de la IA, haciendo tangible su impacto en el mundo real y en la economía digital.

En el ámbito laboral, la IA está transformando industrias completas, desde la fabricación hasta el servicio al cliente. Los sistemas de IA analizan grandes volúmenes de datos para identificar tendencias, optimizar procesos y predecir necesidades futuras, permitiendo a las empresas tomar decisiones informadas y proactivas. Además, la automatización impulsada por IA libera a los empleados de tareas repetitivas, permitiéndoles enfocarse en actividades más creativas y de mayor valor.

La IA en la Salud

La historia de Carlos es particularmente conmovedora. Diagnosticado con una enfermedad rara, su pronóstico era incierto hasta que los médicos utilizaron un sistema de IA para analizar su condición, comparándola con miles de casos similares. Este análisis proporcionó el insight necesario para personalizar su tratamiento, ofreciéndole no solo una segunda oportunidad sino también una calidad de vida que parecía perdida. La IA, en este caso, se convirtió en un faro de esperanza, un recordatorio poderoso de su capacidad para cambiar vidas.

Quizás uno de los campos más prometedores para la aplicación de la inteligencia artificial sea la medicina. La IA está revolucionando el diagnóstico y tratamiento de enfermedades, permitiendo análisis más rápidos y precisos que los que podrían lograr los médicos por sí solos. Desde algoritmos que pueden detectar anomalías en imágenes médicas hasta sistemas que personalizan tratamientos para pacientes con base en su genética, la IA está abriendo nuevas fronteras en el cuidado de la salud.

La IA en la Educación

Sofia, una estudiante que luchaba con las matemáticas, encontró en una plataforma educativa impulsada por IA una forma de redescubrir su amor por el aprendizaje. La capacidad de esta tecnología para adaptarse a su nivel y ritmo personal no solo mejoró su comprensión de la materia sino que también transformó su actitud hacia el estudio. Este relato nos muestra cómo la IA puede democratizar la educación, personalizándola para satisfacer las necesidades únicas de cada estudiante.

En educación, la inteligencia artificial ofrece oportunidades sin precedentes para personalizar el aprendizaje. Al adaptar el contenido y el ritmo a las necesidades individuales de cada estudiante, la IA puede ayudar a superar barreras de aprendizaje y maximizar el potencial de cada individuo. Las plataformas educativas impulsadas por IA pueden identificar áreas de dificultad y ajustar el material de estudio correspondientemente, asegurando una experiencia de aprendizaje más efectiva y personalizada.

Reflexión: La Doble Cara de la IA

Cada una de estas historias es un testimonio del potencial de la inteligencia artificial para mejorar nuestras vidas. Sin embargo, no podemos ignorar los desafíos éticos y sociales que su integración conlleva. Desde la privacidad de los datos hasta el riesgo de desempleo tecnológico, es imperativo abordar estas cuestiones con una perspectiva equilibrada, asegurando que el desarrollo de la IA beneficie a todos.

A pesar de estos avances positivos, es crucial reconocer que la integración de la IA en nuestra sociedad también plantea desafíos importantes. Cuestiones como la privacidad de los datos, el desempleo tecnológico y los sesgos algorítmicos requieren una consideración cuidadosa y una regulación adecuada. La promesa de la inteligencia artificial es vasta, pero solo a través de un desarrollo y uso éticos y responsables podemos asegurar que sus beneficios sean disfrutados por toda la humanidad.

Mientras avanzamos hacia un futuro cada vez más interconectado con la inteligencia artificial, nuestra tarea es no solo admirar su potencial sino también guiar su desarrollo con una mano firme y consciente. La IA tiene el poder de transformar nuestro mundo de maneras que apenas estamos comenzando a entender. Aceptar esta realidad con una mente abierta y un corazón preparado para los retos será clave para navegar el panorama cambiante que la IA presenta.

CAPÍTULO 6

LA PROMESA DEL MAÑANA: IA Y EL FUTURO DE LA HUMANIDAD

"EN EL FUTURO, LA INTELIGENCIA ARTIFICIAL NOS PERMITIRÁ SUPERAR NUESTRAS LIMITACIONES FÍSICAS Y MENTALES CON UNA EXTRAORDINARIA RAPIDEZ".

RAY KURZWEIL, INVENTOR Y FUTURISTA

Mientras amanece en el horizonte de la inteligencia artificial, nos encontramos en el umbral de posibilidades que una vez habitaron solo en el reino de la ciencia ficción. Este capítulo invita a los lectores a un viaje hacia el futuro, explorando cómo la IA podría moldear nuestras vidas en las próximas décadas, transformando todo, desde la medicina y la educación hasta el trabajo y el entretenimiento.

La Revolución en la Medicina Personalizada

Imagina un mundo donde cada tratamiento y medicamento es adaptado a la genética única de un individuo, minimizando efectos secundarios y maximizando la eficacia. La historia de Ana, una bioingeniera dedicada a combinar genómica con IA para revolucionar el tratamiento del cáncer, ilustra esta promesa. Su trabajo, inspirado en la superación de una enfermedad en su propia familia, nos muestra un futuro donde la medicina personalizada es una realidad accesible para todos, transformando radicalmente cómo vivimos, sanamos y esperamos.

La Educación del Futuro: Aprendizaje Personalizado para Todos

Pedro, un innovador en tecnología educativa, sueña con un sistema de aprendizaje impulsado por IA que adapte el contenido en tiempo real a las necesidades y ritmos de aprendizaje de cada estudiante. A través de su visión, exploramos cómo la IA podría desmantelar las barreras del aprendizaje tradicional, ofreciendo a cada niño un camino personalizado hacia el conocimiento y el empoderamiento, independientemente de su contexto socioeconómico.

Un Nuevo Horizonte para la Educación

La educación, uno de los pilares fundamentales de nuestra sociedad, está en el umbral de una transformación profunda impulsada por la inteligencia artificial. Este capítulo te invita a explorar cómo la IA está redefiniendo los paradigmas educativos tradicionales, ofreciendo oportunidades sin precedentes para personalizar el aprendizaje y hacerlo más accesible a nivel global.

Personalización del Aprendizaje: Una Realidad con IA

La IA está permitiendo un enfoque más individualizado en la educación, donde los sistemas de aprendizaje adaptativo pueden ajustar el contenido, el ritmo y el estilo de enseñanza a las necesidades únicas de cada estudiante. Discutiremos cómo estas tecnologías están siendo implementadas en aulas y plataformas en línea, y cómo pueden superar las limitaciones de la enseñanza masiva, apuntando a casos de éxito y estudios que ilustran su eficacia.

Acceso Ampliado y Equidad Educativa

Uno de los mayores beneficios potenciales de la IA en la educación es su capacidad para democratizar el acceso al conocimiento. Examinaremos cómo las plataformas educativas basadas en IA están rompiendo barreras geográficas y socioeconómicas, ofreciendo recursos de alta calidad a estudiantes en regiones remotas o desfavorecidas y creando un campo de juego más nivelado para el aprendizaje global.

Desafíos y Consideraciones Éticas

A pesar de sus numerosas ventajas, la integración de la IA en la educación también plantea desafíos significativos. Nos centraremos en las preocupaciones éticas, como la privacidad de los datos de los estudiantes, el sesgo algorítmico y la dependencia de la tecnología. Además, abordaremos los retos prácticos relacionados con la infraestructura tecnológica y la capacitación de educadores para utilizar estas herramientas de manera efectiva.

El Futuro del Aprendizaje con IA

Mirando hacia el futuro, reflexionaremos sobre cómo la continua evolución de la IA puede seguir transformando la educación. Desde la creación de entornos de aprendizaje inmersivos y simulaciones hasta la posibilidad de sistemas de tutoría inteligente que actúen como mentores personalizados para cada estudiante, las posibilidades son vastas. Este segmento invitará a imaginar un futuro donde la educación sea más personalizada, accesible y enriquecedora para todos.

Forjando un Camino Adelante

Al concluir el capítulo, subrayaremos la importancia de abordar de manera proactiva los desafíos y de capitalizar las oportunidades que la IA presenta para la educación. La colaboración entre tecnólogos, educadores, formuladores de políticas y comunidades será clave para garantizar que los beneficios de la revolución educativa impulsada por la IA sean aprovechados por todas las sociedades, configurando un futuro en el que el aprendizaje esté limitado solo por la curiosidad y no por las circunstancias.

Transformación del Paisaje Laboral

El futuro del trabajo es uno de los temas más debatidos en el contexto de la IA. Contaremos la historia de Luca, un arquitecto de soluciones de IA en el sector del empleo, trabajando para crear un sistema que no solo automatice tareas, sino que también genere nuevas oportunidades, redefiniendo lo que significa "trabajar". Luca nos ayuda a imaginar un mundo donde la IA libera a las personas para perseguir carreras más creativas y significativas, mientras aborda los desafíos del desempleo tecnológico y la requalificación.

La IA en la Lucha contra el Cambio Climático

Finalmente, exploraremos cómo la IA puede ser una aliada crucial en nuestra batalla contra el cambio climático. A través de los ojos de Sara, una científica ambiental que utiliza algoritmos predictivos para evaluar el impacto de las acciones de mitigación, veremos un futuro donde la IA nos ayuda a tomar decisiones más informadas y sostenibles para el planeta, ofreciendo esperanza en nuestra lucha colectiva para preservar la Tierra para las generaciones futuras.

Abrazando el Futuro con Optimismo y Responsabilidad

Este capítulo no solo es una exploración de lo que la IA puede lograr, sino también un llamado a abordar su desarrollo con una mezcla de optimismo y responsabilidad ética. A través de las historias de Ana, Pedro, Luca y Sara, recordamos que, mientras modelamos la IA del futuro, también estamos decidiendo el tipo de futuro que queremos crear. Al final, la promesa del mañana con la IA reside en nuestras manos, invitándonos a soñar grande mientras permanecemos anclados en los valores que definen nuestra humanidad.

Navegando la Ética de la IA: Desafíos y Soluciones

La era de la inteligencia artificial no es solo un testimonio de nuestro avance tecnológico; es un espejo de nuestras elecciones éticas y morales. Este capítulo te lleva en un viaje a través de relatos personales y análisis, mostrando el camino hacia un futuro donde la IA se desarrolle de manera ética y justa.

Enfrentando los Sesgos en la IA

Imagina a una científica de datos enfrentando un gran dilema ético al notar que un algoritmo de contratación que estaba perfeccionando tendía a replicar sesgos históricos. Esto ocurre porque los sistemas de IA aprenden de datos previos que pueden contener prejuicios involuntarios. Existe una amplia literatura, incluyendo trabajos que discuten cómo estos sesgos en los datos pueden conducir a decisiones injustas, impactando áreas vitales como el empleo. Este escenario subraya la urgencia de integrar métodos en el desarrollo de la IA que identifiquen y mitiguen estos sesgos, promoviendo sistemas justos y equitativos.

La Transparencia en la IA y el GDPR

Considérese el esfuerzo de un innovador que lucha por la transparencia en los algoritmos, un movimiento respaldado por el Reglamento General de Protección de Datos (GDPR) de la Unión Europea. El GDPR es un conjunto de leyes diseñado para dar a los ciudadanos europeos mayor control sobre sus datos personales. Entre sus principios, estipula que las personas tienen el derecho a entender y cuestionar las decisiones tomadas por algoritmos, especialmente cuando estas decisiones tienen un impacto significativo en sus vidas. Este marco legal subraya la importancia de construir sistemas de IA que no solo sean capaces de explicar sus decisiones de manera comprensible sino que también aseguren la equidad y responsabilidad en la era digital.

Protegiendo la Privacidad con IA

Piensa en un desarrollador trabajando en soluciones de IA que salvaguarden la privacidad de los usuarios, abordando uno de los retos más significativos de nuestro tiempo digital. El uso de técnicas innovadoras, como el aprendizaje federado, permite a los modelos de IA aprender de datos sin necesidad de recopilarlos centralmente, protegiendo así la privacidad individual. Este enfoque se alinea con el concepto de privacidad diferencial, mostrando que es factible avanzar en la IA de manera que se respeten los derechos de privacidad de las personas.

Balanceando Innovación y Ética

Este momento crítico en el desarrollo de la IA nos invita a considerar cómo nuestras convicciones se reflejan en las tecnologías que creamos. La colaboración entre tecnólogos, expertos en ética y legisladores es clave para enfrentar estos retos, orientándonos hacia la creación de directrices que guíen la IA de una manera que beneficie a toda la sociedad.

Un Llamado a la Acción Ética Colectiva

Nuestra marcha hacia el futuro de la IA no debe ser definida solo por lo que la tecnología puede hacer, sino también por lo que debería hacer. Las historias de quienes abogan por una IA ética ilustran cómo el compromiso con la ética puede dirigir la IA hacia aplicaciones que son innovadoras y, al mismo tiempo, justas y respetuosas con la dignidad humana. Este capítulo es una invitación a unirnos activamente en el diseño de un futuro tecnológico que honre nuestros valores más profundos, un futuro donde la IA sirva al bienestar de todos y preserve nuestra esencia humana.

CAPÍTULO 7

LA IA: UN FARO DE ESPERANZA PARA LA INCLUSIÓN SOCIAL Y ECONÓMICA

"LA DIVERSIDAD Y LA INCLUSIÓN NO SON SOLO UNA ETIQUETA PARA PEGAR EN UN PÓSTER. SON LOS PILARES SOBRE LOS QUE SE CONSTRUYEN LA INNOVACIÓN Y LA CREATIVIDAD".

MICHELLE OBAMA, EX PRIMERA DAMA DE LOS ESTADOS UNIDOS

Visiones de un Futuro Compartido

En la intersección entre la tecnología avanzada y los sueños humanos de equidad y accesibilidad, la inteligencia artificial emerge como un faro de esperanza. Este capítulo no solo imagina un futuro donde la IA cataliza la inclusión social y económica, sino que también te invita, a través de un viaje emocional y reflexivo, a contemplar cómo estas tecnologías pueden ser diseñadas y utilizadas para construir puentes sobre las divisiones que fragmentan nuestras sociedades.

La Promesa de la Accesibilidad Ampliada

La IA tiene el potencial transformador de abrir el mundo digital a personas con discapacidades, brindando nuevas oportunidades para interactuar, aprender y trabajar. Tecnologías como los lectores de pantalla impulsados por IA y los sistemas de reconocimiento de voz están redefiniendo lo que significa la accesibilidad, permitiendo que todos los usuarios naveguen el internet y usen dispositivos tecnológicos con mayor independencia. Estas innovaciones representan pasos importantes hacia la inclusión, demostrando cómo la IA puede ser un agente de cambio positivo, al eliminar barreras y abrir puertas a experiencias antes inaccesibles.

Empoderando Comunidades a través de la Innovación Económica

La inteligencia artificial también se presenta como una herramienta revolucionaria para impulsar el desarrollo económico en comunidades marginadas. A través de aplicaciones que proporcionan a los pequeños agricultores información crítica sobre patrones climáticos y técnicas de cultivo, la IA está ayudando a transformar prácticas agrícolas, aumentar la producción de alimentos y mejorar los medios de vida. Este uso de la tecnología no solo fomenta la seguridad alimentaria sino que también apoya la autonomía económica, marcando un claro ejemplo de cómo la IA puede contribuir a reducir la brecha económica global.

Reimaginando la Educación para Todos: La Revolución de la IA

Imagina un aula donde cada estudiante recibe atención individualizada, donde los materiales de estudio se adaptan instantáneamente a sus necesidades específicas, fortalezas y áreas de mejora. En este escenario ideal, no hay dos experiencias de aprendizaje iguales, porque cada camino educativo es tan único como el alumno que lo recorre. Este sueño, que alguna vez pareció inalcanzable, está comenzando a tomar forma gracias a la inteligencia artificial (IA).

La Promesa de la Personalización

En el corazón de esta transformación educativa está la capacidad de la IA para personalizar el aprendizaje. A través de sistemas inteligentes, podemos analizar el progreso de cada estudiante en tiempo real, identificando tanto los desafíos como los éxitos. Esto permite una adaptación dinámica de los contenidos, asegurando que cada estudiante no solo se enfrente a materiales adecuados a su nivel actual, sino que también se le desafíe y apoye de manera óptima a medida que crece y aprende.

Esta personalización profunda tiene el potencial de democratizar el acceso a la educación de calidad, eliminando barreras que, en el pasado, han dejado a muchos atrás. Al adaptarse a una amplia gama de necesidades individuales, desde diferencias en el estilo de aprendizaje hasta diversos antecedentes culturales y socioeconómicos, la IA puede hacer que el conocimiento sea accesible y efectivo para todos, en todos lados.

Hacia una Sociedad de Oportunidades Ilimitadas

Al implementar la IA en los entornos educativos, estamos pavimentando el camino hacia una sociedad donde el potencial de cada persona puede ser plenamente realizado. Imagina un mundo donde los obstáculos para aprender ya no estén determinados por dónde naces o los recursos disponibles en tu comunidad. En su lugar, cada estudiante tiene a su disposición herramientas que se ajustan y evolucionan con ellos, abriendo un universo

La IA nos desafía a visualizar un futuro en el que la tecnología actúa como un firme soporte para la inclusión y la equidad. Sin embargo, para transformar esta visión en realidad, se necesita más que simple innovación tecnológica; se requiere una dedicación inquebrantable a los principios de justicia y accesibilidad. Diseñando y aplicando la IA con estos valores en mente, podemos garantizar que las tecnologías emergentes no solo avancen en sus capacidades sino que también reflejen y promuevan un mundo donde cada individuo tenga la oportunidad de sobresalir.

Al basar nuestra discusión en datos e historias reales sobre el impacto positivo de la IA en la educación, y conectando emocionalmente con nuestros lectores, esperamos inspirar una reflexión profunda sobre cómo la tecnología puede unirnos y elevarnos como comunidad global. Este camino hacia adelante nos invita a todos a participar activamente en la creación de una inteligencia artificial que celebre nuestra diversidad y fortalezca nuestros lazos, asegurando un futuro donde cada persona pueda alcanzar su máximo potencial

CAPÍTULO 8

ENTRE LA INNOVACIÓN Y NUESTRO ESPACIO PRIVADO: EL VIAJE DE LA IA Y LA PRIVACIDAD

"ARGÜIR QUE NO TE PREOCUPAN LOS DERECHOS A LA PRIVACIDAD PORQUE NO TIENES NADA QUE OCULTAR ES EQUIVALENTE A DECIR QUE NO TE IMPORTA LA LIBERTAD DE EXPRESIÓN PORQUE NO TIENES NADA QUE DECIR".

EDWARD SNOWDEN, CONOCIDO POR SUS REVELACIONES SOBRE LA VIGILANCIA DE LA NSA

Imagina un océano vasto y sin explorar, donde la inteligencia artificial es el navío que nos lleva hacia horizontes nuevos. En este viaje, nuestra privacidad se convierte en un tesoro precioso, un bien que debemos proteger celosamente. Este capítulo es un mapa que nos guía a través de las turbulentas aguas de proteger nuestra intimidad en una era donde la información es tan valiosa como el oro. Buscaremos juntos el equilibrio entre abrazar el progreso tecnológico y resguardar nuestros derechos más personales.

El Doble Filo de la Recopilación de Datos

La inteligencia artificial, con su habilidad para manejar montañas de información, abre un mundo de posibilidades: desde recomendaciones de música que parecen leer nuestra mente hasta asistentes virtuales que anticipan nuestras necesidades. Sin embargo, este maravilloso poder trae consigo una gran responsabilidad. Imagina que cada dato que compartes es una pieza del rompecabezas de tu vida. ¿Cómo nos aseguramos de que este rompecabezas solo se complete con nuestro consentimiento? Discutiremos el fino límite entre personalizar nuestra experiencia y adentrarnos en el territorio de la intrusión, explorando cómo mantener el control sobre nuestras propias piezas del rompecabezas.

Navegando los Desafíos de Seguridad

En este mundo interconectado, los piratas no navegan los mares, sino el ciberespacio. La expansión de la IA nos expone a nuevos riesgos: desde ataques que pueden robar nuestras identidades hasta ojos electrónicos que nos observan sin permiso. Aquí, aprenderemos sobre las armaduras digitales que podemos forjar para protegernos, destacando innovaciones que mantienen a raya a estos piratas modernos y aseguran que nuestros tesoros más privados permanezcan a salvo.

La Brújula Moral: Legislación y Ética

En nuestra travesía, la legislación actúa como la brújula que guía el barco, asegurando que no perdamos el rumbo. El Reglamento General de Protección de Datos (GDPR) es como un faro en la noche, estableciendo reglas claras para la protección de nuestros datos personales en la Unión Europea. Además, hablaremos sobre la importancia de seguir una brújula ética en el desarrollo de la IA, una que nos lleve hacia innovaciones que honren nuestra humanidad y derechos.

Conclusión: Construyendo un Faro para el Futuro

Al concluir nuestro viaje, no llegamos a un puerto final, sino que miramos hacia el horizonte con esperanza y determinación. La clave para un futuro donde la innovación y la privacidad coexisten armoniosamente reside en nuestra capacidad para dialogar y colaborar. Tecnólogos, legisladores, empresas y ciudadanos: todos somos navegantes en este mar. Juntos, podemos construir faros de transparencia y responsabilidad, iluminando un camino donde la tecnología enriquece nuestras vidas sin sacrificar el santuario de nuestra privacidad.

Entretejiendo el Futuro: La Ética y Gobernanza de la IA en un Mundo Interconectado

Cruzando el Puente hacia la Nueva Era

En la encrucijada de nuestro tiempo, nos encontramos al borde de un puente que nos conduce hacia un futuro modelado por la inteligencia artificial. Este puente, forjado con los avances de la tecnología y las aspiraciones de la humanidad, nos invita a caminar hacia un mañana donde la IA se convierte en un faro de progreso y esperanza. Sin embargo, cruzar este puente requiere más que pasos; demanda una reflexión profunda y colaboración global para asegurar que la tecnología avance respetando los principios éticos universales y fomentando el bienestar común.

Los Desafíos de Unificar a un Mundo Diverso

¿Cómo podemos alinear las distintas regulaciones y visiones éticas sobre la IA en un mundo marcado por la diversidad? La clave radica en el diálogo y la cooperación. En un escenario donde cada país posee sus propias normas y expectativas sobre la tecnología, es fundamental encontrar puntos en común que nos permitan trabajar juntos hacia objetivos compartidos. La velocidad sin precedentes del desarrollo tecnológico nos desafía a ser ágiles y proactivos en nuestra respuesta, buscando siempre maneras de incluir a todas las voces en la conversación y evitar la fragmentación de esfuerzos.

Forjando un Consenso Ético Global

¿Es posible crear un marco ético para la IA que sea aceptado globalmente? La respuesta se encuentra en nuestra capacidad para reconocer nuestras similitudes por encima de nuestras diferencias. A través de foros internacionales y coaliciones, podemos comenzar a esbozar un conjunto de principios éticos que respeten la dignidad humana, promuevan la equidad y aseguren la transparencia y responsabilidad en el desarrollo y uso de la IA. Estos principios éticos deben ser lo suficientemente flexibles para adaptarse a distintos contextos culturales y políticos, pero firmes en su compromiso con los valores fundamentales de la humanidad.

Estrategias para una Colaboración Efectiva

La colaboración internacional no solo es deseable sino esencial. ¿Cómo pueden las naciones trabajar juntas de manera efectiva en la era de la IA? Mediante el intercambio de conocimientos, la cooperación en investigación y el establecimiento de organismos supervisores internacionales, podemos asegurar que el avance de la IA se realice de manera que beneficie a todos. Es crucial encontrar un equilibrio entre respetar la soberanía nacional y promover el bienestar global, fomentando un ambiente de apertura, donde las mejores prácticas y lecciones aprendidas se compartan libremente entre las comunidades internacionales.

Un Llamamiento a la Unión Global

La gobernanza global de la IA es un viaje que debemos emprender juntos, reconociendo que nuestras decisiones hoy darán forma al mundo de mañana. La colaboración, el diálogo y el compromiso compartido con los principios éticos no son solo estrategias para enfrentar los desafíos de la IA; son expresiones de nuestra humanidad común. Al caminar juntos sobre este puente hacia el futuro, tenemos la oportunidad única de construir un mundo donde la inteligencia artificial amplifique lo mejor de nosotros, uniendo a la humanidad en su diversidad y guiándonos hacia un futuro de posibilidades infinitas.

CAPÍTULO 9

LA IA COMO CATALIZADOR CULTURAL

"LA TECNOLOGÍA POR SÍ SOLA NO ES SUFICIENTE. ES LA TECNOLOGÍA CASADA CON LAS ARTES LIBERALES, CASADA CON LAS HUMANIDADES, LO QUE NOS DA LOS RESULTADOS QUE HACEN CANTAR A NUESTRO CORAZÓN".

STEVE JOBS, COFUNDADOR DE APPLE

A medida que la inteligencia artificial se entrelaza más estrechamente con nuestra vida cotidiana, su influencia se extiende más allá de la tecnología y la economía para tocar el núcleo mismo de nuestra cultura y relaciones sociales. Este capítulo te invita a reflexionar sobre cómo la IA no solo está remodelando lo que hacemos, sino también cómo pensamos, nos relacionamos y nos expresamos como sociedad.

La IA en el Arte y la Creatividad

Exploraremos el impacto emergente de la IA en el mundo del arte y la creatividad, desde cómo los algoritmos pueden generar música, literatura y arte visual, hasta la colaboración entre humanos y máquinas en procesos creativos. Analizaremos tanto las oportunidades como las controversias que esto plantea, reflexionando sobre lo que significa para la naturaleza de la creatividad y la autoría.

Influencia en las Relaciones Sociales y la Comunicación

La IA está redefiniendo la forma en que nos comunicamos y construimos relaciones en el entorno digital. Discutiremos cómo las redes sociales impulsadas por IA, los chatbots y los asistentes virtuales están transformando nuestras interacciones, presentando tanto potenciales para conexiones más profundas como riesgos de aislamiento y malentendidos.

Impacto en la Percepción y la Identidad Social

Este segmento abordará cómo la inteligencia artificial influye en nuestra percepción del mundo y de nosotros mismos, incluyendo las formas en que puede reforzar o desafiar estereotipos y prejuicios. La capacidad de la IA para modelar narrativas y mediar en nuestra experiencia del mundo plantea preguntas importantes sobre la identidad, la pertenencia y el cambio cultural.

Desafíos Éticos y Responsabilidad Social

La expansión de la IA en la esfera social y cultural conlleva responsabilidades significativas. Enfrentaremos los desafíos éticos de garantizar que la IA se desarrolle y utilice de manera que respete la diversidad cultural, promueva la inclusión y proteja la privacidad y la dignidad humanas.

Conclusión: Hacia una Sociedad Más Consciente con la IA

Al cerrar, reflexionaremos sobre el papel de la sociedad civil, los creadores de políticas, los desarrolladores de IA y los ciudadanos en la configuración de un futuro donde la inteligencia artificial enriquezca nuestras vidas sociales y culturales. Este futuro demanda un diálogo continuo y una reflexión crítica sobre cómo la tecnología puede servir a los valores humanos y contribuir a una sociedad más justa, creativa y conectada.

Innovación en Marketing con IA

Imagina tener un asistente que conozca a cada uno de tus clientes mejor que ellos mismos, que pueda predecir qué productos les gustarán, cuándo están listos para comprar y cómo prefieren ser contactados. Ese es el poder de la inteligencia artificial en el marketing. Este capítulo te guiará a través de cómo la IA está transformando las estrategias de marketing, haciéndolas más personalizadas, eficientes y efectivas.

Personalización Masiva con IA

La magia de la IA en el marketing reside en su capacidad para personalizar a gran escala. Esto significa enviar el mensaje correcto, al cliente correcto, en el momento correcto, de la manera correcta.

- Ejemplo Práctico: Imagina una tienda en línea de ropa que utiliza IA para analizar el historial de compras y navegación de sus clientes. Con esta información, la tienda puede enviar recomendaciones personalizadas de ropa que se ajusten al estilo único de cada cliente, aumentando las probabilidades de compra.
- Herramientas para Empezar: Plataformas como Salesforce Einstein permiten a las empresas automatizar este tipo de personalización, analizando datos de clientes para ofrecer recomendaciones y experiencias únicas a cada uno.

IA y Publicidad Programática

La publicidad programática utiliza la IA para comprar automáticamente espacios publicitarios, colocando anuncios en el contexto más relevante posible. Esto asegura que tu publicidad llegue a tu público objetivo con precisión quirúrgica, optimizando el gasto publicitario.

- Cómo Funciona: Supongamos que vendes equipo de senderismo. La IA puede ayudarte a mostrar tus anuncios en sitios web de deportes al aire libre visitados por entusiastas del senderismo, justo cuando están planeando su próxima compra.

- Herramientas Útiles: Google Ads y Facebook Ads ofrecen opciones de segmentación avanzadas impulsadas por IA, facilitando a los marketers alcanzar a sus audiencias objetivo de manera eficaz.

Optimización del Contenido con IA

La creación de contenido respaldada por IA puede ayudarte a determinar qué tipo de contenido resuena mejor con tu audiencia. Desde titulares que captan la atención hasta publicaciones de blog que generan tráfico, la IA te guía en la dirección correcta.

- Caso de Uso: Una empresa de software utiliza herramientas de IA para analizar qué títulos de artículos generan más clics y compromiso. Utilizando estos insights, ajustan su estrategia de contenido para enfocarse en temas que saben que interesan a su audiencia.

- Herramientas Recomendadas: BuzzSumo y HubSpot ofrecen análisis predictivo y sugerencias basadas en IA para optimizar tus estrategias de contenido.

Monitoreo de la Competencia y el Mercado

Mantener un ojo en la competencia y las tendencias del mercado es crucial, y la IA hace este trabajo más fácil y efectivo. Al analizar una amplia gama de datos en tiempo real, puedes obtener insights valiosos sobre los movimientos de tus competidores y los cambios en las preferencias de los consumidores.

•   Ejemplo en Acción: Una pequeña marca de café utiliza IA para monitorear las promociones, precios y nuevos productos de las grandes cadenas de café. Esto les permite ajustar rápidamente sus ofertas y estrategias de marketing para mantenerse competitivos.

Abrazando la Revolución del Marketing con IA

Incorporar la inteligencia artificial en tus estrategias de marketing no es solo una ventaja; es una necesidad en el mundo digital de hoy. Desde personalizar la experiencia del cliente hasta optimizar tus campañas publicitarias, la IA te ofrece herramientas para no solo satisfacer las expectativas de tus clientes sino superarlas. Al final de este capítulo, esperamos que te sientas inspirado y equipado para comenzar tu viaje de marketing con IA, listo para transformar la manera en que te conectas con tu audiencia y impulsas tu negocio hacia adelante.

Capítulo: Revolucionando el Marketing con la Inteligencia Artificial: Un Viaje

Imagina tener un asistente que no solo conozca los gustos y preferencias de cada uno de tus clientes sino que también prediga sus futuras compras y la mejor manera de comunicarse con ellos. Eso es precisamente lo que hace la inteligencia artificial (IA) en el mundo del marketing. A lo largo de este capítulo, exploraremos cómo la IA está transformando las estrategias de marketing, haciéndolas no solo más personalizadas sino también más eficientes y efectivas.

Personalización Masiva con la Ayuda de la IA

El verdadero encanto de la IA en marketing radica en su habilidad para personalizar las comunicaciones a una escala masiva. Esto implica enviar el mensaje adecuado, al cliente adecuado, en el momento adecuado, y de la manera adecuada.

• Ejemplo Práctico: Imagina una tienda en línea de ropa que emplea IA para examinar las compras y el comportamiento de navegación de sus clientes. Esta tienda puede entonces enviar sugerencias de ropa personalizadas, incrementando significativamente la probabilidad de compra.

• Herramientas para Comenzar: Plataformas como Salesforce Einstein permiten automatizar este nivel de personalización. Analizan los datos de los clientes para proporcionar recomendaciones y experiencias únicas a cada persona.

IA y la Compra Automatizada de Anuncios

La compra automatizada de anuncios, conocida como publicidad programática, utiliza la IA para adquirir espacios publicitarios de manera eficiente, colocando anuncios donde son más relevantes. Esto garantiza que la publicidad alcance al público objetivo de manera precisa, optimizando así el presupuesto de marketing.

- Cómo Funciona: Por ejemplo, si vendes equipo de senderismo, la IA puede ayudarte a mostrar tus anuncios en sitios web especializados en actividades al aire libre, captando la atención de potenciales compradores en el momento justo.
- Herramientas Útiles: Plataformas como Google Ads y Facebook Ads brindan opciones de segmentación avanzada alimentadas por IA, facilitando a los profesionales del marketing alcanzar a su audiencia objetivo de manera eficaz.

Optimización de Contenidos con la IA

La creación de contenido se beneficia enormemente de la IA, la cual puede indicarte qué tipo de contenido resuena mejor con tu audiencia. Ya sea un titular atractivo o una publicación de blog que atraiga visitas, la IA puede orientarte hacia el éxito.

- Caso de Uso: Una empresa de tecnología podría usar herramientas de IA para determinar qué titulares de artículos generan más interacción. Con esta información, pueden ajustar su estrategia de contenido para enfocarse en los temas de mayor interés para su audiencia.

- Herramientas Recomendadas: BuzzSumo y HubSpot son plataformas que ofrecen análisis predictivo y sugerencias basadas en IA para optimizar tu contenido.

Vigilando la Competencia y el Mercado con la IA

Mantenerse informado sobre la competencia y las tendencias del mercado es esencial, y aquí es donde la IA brilla. Al analizar un vasto rango de datos en tiempo real, puedes obtener información valiosa sobre las estrategias de tus competidores y los cambios en las preferencias de los consumidores.

- Ejemplo en Acción: Una marca emergente de café puede usar la IA para monitorear las promociones, precios y nuevos productos de competidores más grandes, permitiéndoles ajustar rápidamente sus estrategias para mantenerse competitivos.

Adoptando la IA en tu Estrategia de Marketing

Incorporar la IA en tus estrategias de marketing no es solo una ventaja competitiva, sino una necesidad en el mundo digital actual. Desde personalizar la experiencia del cliente hasta optimizar tus campañas y contenido, la IA ofrece herramientas para satisfacer y superar las expectativas de tus clientes. Esperamos que este capítulo te haya inspirado y proporcionado el conocimiento necesario para empezar tu propio viaje de marketing con IA, preparándote para liderar en la era digital con estrategias más inteligentes, personalizadas y efectivas.Marketing de Contenidos Impulsado por IA

La creación de contenido puede ser optimizada con la ayuda de la IA, desde la generación de ideas hasta la producción de textos y la optimización para motores de búsqueda (SEO). La IA puede ayudar a identificar los temas de mayor interés para tu audiencia, predecir qué tipo de contenido generará más compromiso y incluso crear borradores de contenido.

- Ejemplo: USA Today utiliza herramientas de IA para analizar el rendimiento del contenido y generar informes que ayudan a los editores a tomar decisiones basadas en datos sobre las estrategias de contenido.

- Herramientas: OpenAI ofrece GPT-4, un modelo de lenguaje poderoso que puede generar contenido escrito convincente y personalizado, desde borradores de artículos hasta descripciones de productos y publicaciones en redes sociales.

Análisis Competitivo Mediante IA: Entendiendo el Campo de Juego

Abriendo el Juego: La Era del Análisis Inteligente

Imagina que estás jugando al ajedrez, pero con una visión que te permite anticipar no solo el próximo movimiento de tu oponente sino también todos los posibles en el futuro cercano. Esto es lo que la inteligencia artificial (IA) ofrece en el mundo del análisis competitivo. En este capítulo, te llevaremos a través del fascinante mundo del análisis competitivo potenciado por IA, utilizando un lenguaje sencillo y ejemplos concretos para asegurarnos de que todos puedan comprender y aplicar estos conceptos en su propia arena.

La Ventaja de la IA en el Análisis Competitivo

Antes de cada batalla, Napoleón utilizaba mapas detallados del terreno para planificar sus estrategias, anticipándose a los movimientos del enemigo. Su habilidad para analizar el contexto y adaptar su táctica es comparable al análisis competitivo que permite la IA.

La IA te proporciona un "mapa detallado" del mercado, ayudándote a anticipar y superar a la competencia.

El análisis competitivo consiste en entender a tus competidores tanto como te entiendes a ti mismo. La IA eleva este entendimiento a nuevas alturas, permitiéndote analizar grandes volúmenes de datos sobre tus competidores - desde sus publicaciones en redes sociales hasta sus estrategias de precios - y extraer insights valiosos que de otra manera serían invisibles.

- Ejemplo Práctico: Imagina una aplicación que recopila y analiza todas las reseñas de clientes sobre los productos de tu principal competidor. Utilizando IA, esta herramienta puede identificar patrones en los comentarios, resaltando fortalezas que los clientes aman y debilidades que puedes aprovechar.

Herramientas de IA para un Análisis Profundo

Existen diversas herramientas que aplican la IA para ofrecer análisis competitivos detallados. Estas herramientas pueden rastrear la actividad online de los competidores, analizar tendencias del mercado, e incluso predecir futuras estrategias de competidores basándose en datos históricos.

- Herramientas como SEMrush y Ahrefs usan IA para proporcionar análisis de SEO y marketing digital, ofreciendo una ventana a las estrategias de contenido y palabras clave de tus competidores.

- Crimson Hexagon, por otro lado, se especializa en el análisis de sentimientos y tendencias en redes sociales, dándote una perspectiva de la percepción pública de tus competidores.

Aplicando IA para Desarrollar Estrategias Competitivas

Con la información que la IA te proporciona, puedes desarrollar estrategias que te coloquen un paso adelante. Por ejemplo, si la IA identifica una tendencia creciente en las preferencias de los consumidores que tus competidores aún no han aprovechado, puedes ajustar tu oferta de productos para satisfacer esa demanda emergente antes que nadie.

- Caso de Estudio: Una cadena de cafeterías utiliza IA para analizar datos de redes sociales y descubre un interés creciente en bebidas a base de plantas que sus competidores principales no están atendiendo eficazmente. Al introducir una nueva línea de bebidas que atiende a este nicho, la cadena puede capturar una parte significativa del mercado.

CAPÍTULO 10

LOS DESAFÍOS ÉTICOS Y PRÁCTICOS

"LA IA ES UN CASO RARO DONDE CREO QUE NECESITAMOS SER PROACTIVOS EN LA REGULACIÓN EN LUGAR DE REACTIVOS. PORQUE CREO QUE PARA CUANDO SEAMOS REACTIVOS EN LA REGULACIÓN DE LA IA, SERÁ DEMASIADO TARDE".

ELON MUSK, CEO DE SPACEX Y TESLA, Y COFUNDADOR DE OPENAI.

Si bien la IA en el análisis competitivo abre un mundo de posibilidades, también viene con su propio conjunto de desafíos éticos y prácticos. Es crucial usar los datos de manera responsable, respetando la privacidad y los derechos de todos los involucrados. Además, depender demasiado de la IA sin un análisis humano crítico puede llevar a interpretaciones erróneas.

Conclusión: Navegando el Futuro con Inteligencia y Cuidado

El análisis competitivo mediante IA no es solo una herramienta poderosa para entender y superar a la competencia; es un compañero que, si se usa sabiamente, puede revelar oportunidades inimaginables y guiar tu estrategia hacia el éxito. Sin embargo, este viaje requiere una mezcla de innovación inteligente y consideración ética, asegurando que mientras nos esforzamos por liderar en nuestros respectivos campos, también fomentamos un entorno de competencia saludable y justo.

Este capítulo demuestra que, con la orientación correcta, cualquier persona puede aprovechar la inteligencia artificial para profundizar en el análisis competitivo, abriendo nuevas vías para el crecimiento y la innovación. Al mantenernos informados, éticos y creativos, podemos usar la IA no solo para seguir el ritmo, sino para definirlo.

La IA como Socia en la Toma de Decisiones Empresariales

Un Nuevo Horizonte para Emprendedores

Imagina estar al timón de un barco navegando por aguas desconocidas. El mar representa el mercado actual: vasto, cambiante y lleno de oportunidades ocultas. Ahora, imagina que tienes un compañero de viaje, uno con la capacidad de predecir tormentas, encontrar rutas óptimas y descubrir tesoros ocultos. Ese compañero es la inteligencia artificial (IA), y está aquí para ayudarte a navegar el mundo empresarial con mayor confianza y éxito.

Comprender la IA: Una Introducción para Emprendedores

Para muchos, la IA evoca imágenes de robots y ciencia ficción, pero su aplicación en el negocio es mucho más práctica y cercana. La IA puede analizar datos a una escala y velocidad que desafían la capacidad humana, ofreciendo insights profundos que pueden informar decisiones críticas. Pero no te preocupes, no necesitas ser un experto tecnológico para aprovechar su poder. Pensemos en la IA como una herramienta avanzada de análisis y predicción, lista para ser desplegada en tu arsenal empresarial.

IA en la Toma de Decisiones: Ejemplos Prácticos

Imagina ser el dueño de un acogedor rincón del mundo, una cadena de cafeterías donde cada cliente es un amigo esperando descubrir su próxima bebida favorita. Aquí, la magia de la inteligencia artificial (IA) se convierte en tu aliado más valioso, ayudándote a desvelar los secretos ocultos en los patrones de tus visitantes. Como si tuvieras un sexto sentido, esta tecnología te guía hacia la creciente ola de interés en opciones más saludables. Inspirado por este descubrimiento, decides innovar, introduciendo una nueva selección de bebidas que abrazan la vitalidad de los ingredientes naturales. El resultado es un testimonio del poder de escuchar: un salto en ventas y una comunidad de clientes más contenta y satisfecha.

Ahora, visualiza dirigir una tienda de moda online, donde el pulso de las tendencias cambia con la brisa. Aquí, un sistema inteligente de IA se convierte en tu oráculo, prediciendo qué piezas capturarán los corazones de tus clientes en la próxima temporada. Esta clarividencia digital te permite afinar tu inventario, asegurando que solo lo más deseado adorne tus estantes virtuales, minimizando así el excedente y asegurando que cada visita sea una tentación para tus clientes.

En otro escenario, estás al frente del servicio al cliente de una empresa que toca las estrellas con su tecnología. Introduces un chatbot impulsado por IA, un asistente virtual que no solo responde preguntas con la velocidad del pensamiento sino que también libera a tu equipo humano para sumergirse en desafíos más profundos. Esta sinergia entre máquina y humano no solo aumenta la eficiencia sino que también teje hilos de satisfacción y confianza con cada interacción.

La IA: Un Complemento, No un Reemplazo

Es esencial comprender que la IA está aquí para ser tu faro, no para tomar el timón. Tu intuición, tu visión, tu chispa de creatividad, son tesoros que ninguna máquina puede replicar. La IA es un prisma que amplifica tu luz, ofreciéndote nuevas perspectivas y análisis que enriquecen tu toma de decisiones, pero el curso de tu aventura empresarial lo trazas tú.

Navegando hacia el Futuro con IA

Incorporar IA en tu empresa puede parecer una odisea al principio, pero el secreto está en dar el primer paso. Identifica un rincón de tu universo empresarial donde los datos puedan ser tu brújula, y busca herramientas de IA diseñadas para exploradores, no para eruditos. En el mundo de hoy, muchas de estas herramientas vienen equipadas con mapas estelares en forma de interfaces intuitivas y guías paso a paso, diseñadas para llevarte de la mano.

El Viaje Emprendedor con IA

La IA no es un puerto lejano, es el viento en tus velas aquí y ahora. Como emprendedores de la era digital, tienen la oportunidad única de navegar en la vanguardia de esta revolución, utilizando la IA para iluminar decisiones, optimizar procesos y forjar conexiones más profundas con sus clientes. Recuerden, en esta travesía hacia el éxito, la IA es tanto su estrella guía como el mapa del tesoro, prometiendo un futuro donde la tecnología y la humanidad danzan al ritmo del progreso.

CAPÍTULO 11

UN FUTURO SOSTENIBLE IMPULSADO POR LA IA

En un momento de creciente preocupación por el cambio climático y la degradación ambiental, la inteligencia artificial surge como una luz de esperanza, ofreciendo nuevas vías para abordar algunos de los desafíos más apremiantes de nuestro tiempo. Este capítulo te invita a imaginar un futuro en el que la IA no solo avanza nuestro bienestar tecnológico y económico, sino que también juega un papel crucial en la protección y preservación de nuestro planeta.

Optimización de Recursos y Eficiencia Energética

Una de las contribuciones más significativas de la IA a la sostenibilidad es su capacidad para optimizar el uso de recursos y mejorar la eficiencia energética en diversas industrias. Algoritmos inteligentes pueden analizar grandes conjuntos de datos para identificar patrones y recomendar ajustes que reduzcan el consumo de energía y minimicen los desechos. Estas tecnologías no solo tienen el potencial de disminuir significativamente la huella de carbono de sectores como la manufactura y el transporte, sino que también promueven una economía más circular y respetuosa con el medio ambiente.

Agricultura Inteligente y Seguridad Alimentaria

La IA está revolucionando la agricultura, permitiendo prácticas más sostenibles que aumentan el rendimiento de los cultivos mientras reducen el impacto ambiental. Sistemas de IA que monitorizan y analizan las condiciones del suelo, el clima y la salud de las plantas pueden guiar a los agricultores en la toma de decisiones precisas sobre riego, fertilización y control de plagas. Esta "agricultura inteligente" no solo mejora la seguridad alimentaria mundial sino que también disminuye el uso de agua y productos químicos, protegiendo así los ecosistemas naturales.

Monitorización Ambiental y Conservación

La IA también juega un papel vital en la monitorización ambiental y la conservación de la biodiversidad. A través del análisis de imágenes satelitales y datos recopilados por sensores en tiempo real, los investigadores pueden detectar cambios en los ecosistemas, seguir la migración de especies y identificar áreas críticas para la conservación. Estas tecnologías permiten una respuesta más rápida y eficaz ante amenazas ambientales, desde la deforestación y la caza furtiva hasta los derrames de petróleo y los desastres naturales.

Un Compromiso Compartido con el Futuro

El potencial de la inteligencia artificial para contribuir a la sostenibilidad ambiental es inmenso, pero alcanzar este potencial requiere un compromiso compartido. Este capítulo es un llamado a la acción para desarrolladores, empresas, gobiernos y ciudadanos, instándolos a colaborar en el uso ético y responsable de la IA. Juntos, podemos aprovechar el poder de la tecnología para crear un futuro donde el progreso tecnológico y la sostenibilidad medioambiental vayan de la mano, asegurando un legado próspero y saludable para las generaciones futuras.

CAPÍTULO 12

CONCLUSIÓN

Al cerrar las páginas de este libro, nos encontramos en el umbral de una era definida por el ingenio humano y su relación simbiótica con la tecnología. La inteligencia artificial, al igual que el internet, la imprenta y la electricidad antes de ella, se perfila como la protagonista de la próxima revolución sin precedentes en la humanidad. Este "Compromiso Compartido con el Futuro" no es solo un capítulo que concluye un viaje de conocimiento, sino una invitación abierta a seguir indagando, innovando y aprendiendo sobre esta fascinante disciplina.

Como sociedad, tenemos la responsabilidad y el privilegio de dirigir el curso de la IA hacia un futuro donde coexistan el progreso y la armonía con nuestro entorno. A través de la colaboración transversal entre desarrolladores, empresas, gobiernos y ciudadanos, podemos diseñar soluciones que reflejen nuestros valores más preciados: la ética, la sostenibilidad y el bienestar colectivo.

Esta obra es, por tanto, más que un libro; es un faro que ilumina el camino hacia una inteligencia artificial que, manejada con sabiduría, promete enriquecer incontables aspectos de nuestra existencia. No obstante, el aprendizaje y la exploración no deben detenerse aquí. La IA, con su rápido avance y sus posibilidades infinitas, nos invita a mantenernos curiosos, abiertos y participativos.

Que este final sea, entonces, un nuevo comienzo en tu viaje personal y profesional hacia el entendimiento y la aplicación de la inteligencia artificial. Que encuentres inspiración en los desafíos y oportunidades que presenta, comprometiéndote a contribuir a un mundo donde la tecnología sirva como un puente hacia un futuro más justo, sustentable y floreciente para todos.

La historia de la humanidad está llena de momentos de inflexión que han redefinido nuestra forma de vivir, interactuar y entender el mundo. La inteligencia artificial es nuestro momento. Abrazarla con responsabilidad, ética y una visión compartida es, quizás, el desafío más grande y emocionante de nuestra generación.

Continuemos aprendiendo, innovando y colaborando. El futuro de la inteligencia artificial y su impacto en nuestra sociedad está, en gran medida, en nuestras manos. Que este sea el compromiso que nos una y el legado que dejemos para las generaciones venideras.

DERECHOS DE AUTOR Y RECONOCIMIENTOS

Las imágenes contenidas en este libro han sido generadas mediante el uso de DALL·E, una avanzada herramienta de inteligencia artificial desarrollada por OpenAI, capaz de crear imágenes detalladas y específicas a partir de descripciones textuales.

La revisión de los textos para la creación de este libro se han realizado con la ayuda de ChatGPT, también una herramienta de inteligencia artificial desarrollada por OpenAI. ChatGPT ha servido como un asistente de escritura invaluable, ofreciendo sugerencias, correcciones y validaciones de contenido para asegurar la claridad y precisión de la información presentada.

Este libro es una obra de pasión y dedicación, con el objetivo de compartir conocimientos sobre la inteligencia artificial de una manera accesible y comprensible. Agradezco a OpenAI por desarrollar herramientas como DALL·E y ChatGPT, las cuales han jugado un papel esencial en la conceptualización y finalización de esta obra.

Para consultas sobre derechos y permisos, contactar a: info@syncrointeligenciacom.

Made in the USA
Columbia, SC
03 May 2024

34805524R00061